子平說秘

披露生肖論命的實戰秘訣

潘樂德 著

圓方立極

「天圓地方」是傳統中國的宇宙觀，象徵天地萬物，及其背後任運自然、生生不息、無窮無盡之大道。早在魏晉南北朝時代，何晏、王弼等名士更開創了清談玄學之先河，主旨在於透過思辨及辯論以探求天地萬物之道，當時是以《老子》、《莊子》、《易經》這三部著作為主，號稱「三玄」。東晉以後因為佛學的流行，佛法便也融匯在玄學中。故知，古代玄學實在是探索人生智慧及天地萬物之道的大學問。

可惜，近代之所謂玄學，卻被誤認為只局限於「山醫卜命相」五術及民間對鬼神的迷信，故坊間便泛濫各式各樣導人迷信之玄學書籍，而原來玄學作為探索人生智慧及天地萬物之道的本質便完全被遺忘了。

有見及此，我們成立了「圓方出版社」（簡稱「圓方」）。《孟子》曰：「不以規矩、不成方圓」。所以，「圓方」的宗旨，是以「破除迷信、重人生智慧」為規，藉以撥亂反正，回復玄學作為智慧之學的光芒；以「重理性、重科學精神」為矩，希望能帶領玄學進入一個新紀元。「破除迷信、重人生智慧」即「圓而神」，「重理性、重科學精神」即「方以智」，既圓且方，故名「圓方」。

出版方面，「圓方」擬定四個系列如下：

1.「智慧經典系列」：讓經典因智慧而傳世；讓智慧因經典而普傳。

2.「生活智慧系列」：藉生活智慧，破除迷信；藉破除迷信，活出生活智慧。

3.「五術研究系列」：用理性及科學精神研究玄學；以研究玄學體驗理性、科學精神。

4.「流年運程系列」：「不離日夜尋常用，方為無上妙法門。」不帶迷信的流年運程書，能導人向善、積極樂觀、得失隨順，即是以智慧趨吉避凶之大道理。

此外，「圓方」成立了「正玄會」，藉以集結一群熱愛「破除迷信、重人生智慧」及「重理性、重科學精神」這種新玄學的有識之士，並效法古人「清談玄學」之風，藉以把玄學帶進理性及科學化的研究態度，更可廣納新的玄學研究家，集思廣益，使玄學有另一突破。

作者簡介

潘樂德，畢業於香港大學及北京大學，獲文學士及國際關係碩士學位。幼承家學，自小醉心於中華文化，對醫卜星相皆多有創見。

一直秉持着易知易行的原則，改進傳統術數不合理之處，並刪繁就簡，成就一家之言。深信中華術數文化具有強大正能量，可為現代社會灌注無限活力。

近年熱心推廣五術文化，首度提出術數母法的概念。曾開辦多個術數課程與講座，內容涵蓋子平命理、擇日、風水、相學、天文曆法及傳統通勝等，亦開辦了多屆中醫實用課程與食療課程，並連續數年舉辦多次養生食療宴，深受歡迎。

命理暢銷著作有《十神洩天機》、《十神啓示錄》及《子平說秘》。

facebook 專頁：https://www.facebook.com/cwm.shushu

微信公眾號：潘老師風水命相工作室

YouTube 個人頻道：takpoon28

前言

本書是我的第三部著作。自二〇一三年出版第一部書《十神洩天機》以來，至今已三個年頭，找我論命和研究命理的人愈來愈多，也讓我更了解他們對命理的看法和思維。

很多學八字的人，對於命理秘訣、門派之別等的問題，都會有各種各樣的誤區和迷思。有時就算是學藝多年的八字高手，甚至大師級人馬都難免有某些偏見。之所以如此，未必因為功力不夠，或悟性不足，反而是因為缺乏創新精神，太受到傳統的框框所局限。一旦觀念被局限，任憑你才高八斗，也難跳出巢臼。此所以許多謹守師說的人，有可能會愈學愈差。

另外有些人則比較好高騖遠，太過急進，忽略了基礎的重要性，只一心想着去追尋傳說中的命理秘訣。他們不知道，其實基礎很大程度上即是秘訣，許多時所謂的創新就是對於基礎規則的改動和調整。

其實，包括命理學在內的許多學問，基礎最重要。基礎不穩，命理之塔絕對建不起來，因為基礎即是根基所在。當研究和學習時遇到瓶頸，往往要回到基礎層面才可以搞通一些關鍵問題。

而且，絕大部份的學科，當學習的水平愈高，對基礎理論和知識的掌握就會愈強，然後反過來又會提升學習的水平。所以這是一個良性的循環。

怎樣看分期付款和整筆付款？

怎樣看到命主體毛旺盛？

財星極弱，但仍然能賺很多錢，何解？

感情路上為何經常遇人不淑？

什麼錢可以賺？什麼錢不能賺？

如何看人適不適合減肥？

這些問題，有些人學習八字已經三四年，都無法説出個子丑寅卯，但其實要算得準確，只需要花三四個月時間，甚至更短的時間學習就可以。前提是，要認真學習真正的基礎，而且要深入挖掘基礎背後的理念，和由此而衍生出來的大量法則。

所以，本書的內容會針對所謂基礎的部份，加以闡述和發揮。雖然篇幅所限，無法涉及所有基礎和背後的法則，但亦包含了從起盤、到具體批斷的一些訣竅，更特別有系統地介紹了民間流行的生肖斷命法，有心學習者定能從中獲益。

我寫書一直堅持要言之有物，幸好從寫第一本書以來，都能夠説到做到，不負「洩天機」和「啓示錄」這幾個字，「説秘」亦是如此。希望言之有物的原則能繼續得到讀者支持。

目錄

第二章：訣法之謎

第三章：生肖文化與實戰法則

第一章

八字源流

數着星星看人生

命理技術的發明，是因為人類想預測命運。而最早開始感知到命運的人，可以追溯到遠古的時代。

祖先們經歷了生活的起起伏伏，慢慢覺得有許多事情不是人力所能左右，但又好像冥冥中自有安排，於是產生了命運的概念。可是命運本身又比較虛無飄渺，難以捉摸。他們只能苦苦地思索，如何能把握其中的規律，以做到趨吉避凶。

某一晚，當他們再次仰望天空時，想起日月眾星周而復始流轉的規律，忽然有所領悟，認為人的命運是受到日月眾星所影響；因此，它們的狀態和運行軌跡，和個人的命運應該是息息相關的，星命學就由此發展出來了。

其實星星和個人命運的關係，是屬於天人合一的概念，所以有「天上一顆星，地上一個丁」的說法。中國最遲在戰國時代就開始有天上星辰影響人間命運的概念。東晉時《抱朴子》就已經說：「命之修短、實由所值、受氣結胎、各有星宿……命屬生星，則其人必好仙道」。

魏晉南北朝時已有人認為道家的老子感應到天上的火星，漢初三傑之一的張良則是感應到天上的狐星而生。

慢慢地，祖先們透過觀察和計算天上星辰的運轉軌跡，終於發展出一套計算個人命運的系統，被統稱為星命之術。這個也可以說是中西方探究命運的一個大膽嘗試，也可以說是個成就。

星命術一直到宋明時代都仍然極為流行，例如唐朝的韓愈和宋朝的蘇東坡都要在詩文裏趕一下時髦，說自己出生時月亮處於斗宿，解釋為何自己一生都多惹是非。

有趣的是，據説就連聖人一生的重要時刻都離不開日月星辰的軌跡牽引。佛經記載，釋迦牟尼成道之日，剛好就是滿月位於二十八宿中的氐宿，而且亦是月食。這個記載證明了，即使是聖人的重要時刻亦與星象一一吻合。

所以，當我們夜看燦爛星空時，不妨嘗試追尋一下人生命運的軌跡。

命理母法衍生子法

術數的發展是先有母法，再有子法。

所謂母法即依靠實際存在的物件去作出預測。舉凡天地日月，山川草木，器物用具皆有一定的術數含義。例如看到風起於西方，就推斷出有戰事，見到屋外有天橋橫過，就代表住宅內的人容易有血光之災等。這種推算體系亦是術數最早的存在方式，故稱之為母法。

子法則是以數理模型推導出大量的符號和法則以進行預測。舉凡天干地支、八卦九宮等皆屬此類。子法的出現，是源於對大自然現象觀察有難度，容易出偏差，以及推算的內容欠缺細緻，於是才有需要總結出預測能力更強大的抽象數理模型。

星命學的內容亦概分為母法與子法兩大類，所以其賴以推算的星體可分為實星和虛星兩大類別。

實星就是真有其星，如太陽、月亮、金星、木星等，其星體及運行軌跡可被實際觀察得到。

虛星就只是一堆後天設計出來的人為符號而已，其星體及運行軌跡均無法被實際觀察，只能依靠紙上推算。許多命理學常用的神煞如桃花星、驛馬星、陰煞星等，皆是徒有其名，但無實體星象相對應，純粹只是人為設計出來的推算符號而已。

還有一種形式叫做半虛半實星，即天上真有其實星，但在實際運用時卻只是借用其名，運行軌跡則另外設計。以華蓋星為例，此星的組合共有七顆星，屬於紫微垣，因形似傘狀，故名之。

但在命理學中，要找出華蓋星只需要根據地支起計算出來，方法極簡單，與實際的天文軌跡完全不同，可謂有其名而無其實。但由於起例較為簡單，完全不需要依靠實際天象，故推算起來亦比較快捷和容易。

所以，現在我們都不用數着天上星星來算命，而是在紙上畫出命盤，數着命盤上的星星來推斷人生起伏了。

星命四柱各有體系

中國的命理可分為幾個系統，一個是上篇所說的星命系統。這種系統可以數着星星來算命，有很多好處。例如不論古老的七政四餘，還是後起的紫微斗數，都分為命宮、妻妾宮、疾厄宮等十二個宮位，推算起來綱舉目張，條理清晰，比較容易分類。

而且，不少星星如桃花星、驛馬星、華蓋星、吊客星和血刃星等，皆可以顧名思義，比較容易學習和運用，而且切合實際需要。

而另一套算命系統就是運用干支為主的四柱學。這系統早自漢魏就已經開始發展，一直與星命學分庭抗禮，但又互相學習。

四柱學的核心架構是天干和地支，並加入京房易、陰陽五行、占卜和擇日等理論，最後形成自己的體系。尤其是宋代以後的四柱新法，即子平法崛起後，四柱的體系更趨完善。

關於星命與四柱誰先誰後的問題，現今應該還未有定論，有可能星命學發展得較早一點，但時間上的差異應不會太大。所以，有些人認為星命學先行發展，由於太複雜難學，所以前輩們才發明四柱學，並取星命之學而代之，這觀點是有商榷的餘地。

但無可否認，星命學操作起來的確比四柱複雜。舉例而言，星命以實星推算時，需依據實際天象起盤，以量天尺（過宮度數表），即各天象的具體度數為依據，故需對曆法有一定的認識，這對許多人來說難度頗高。

而且中國官方自元明以來一直嚴禁民間修習天文曆法，更令以實星推算的體系漸多錯亂。

而四柱命學則無須參照實際天象，而且起例容易，三幾分鐘即可起盤，易學易用，便於推廣，所以自明清以來已非常流行，更成為命理界的主流。

而且，如果說星命術仍帶有波斯和印度等外國元素，則四柱可說是最中國化的命術了。

大六壬影響四柱發展

四柱命學的發展是參照了擇日學和占卜術的不少內容。關於四柱與占卜的關係，讀者可參看《十神洩天機》。

由於篇幅的原因，當時只講到與十神相關的部份，沒有涉及更多內容。這裏可以再多說一點。

在術數史上，占卜術比算命術的發展要早得多。而在占卜術中，大六壬屬於三大式占之一，號稱占術之王，早在東漢時期已經頗為成熟。

所以大六壬裏的不少方法或思路都被後起的八字學所吸收，例如八字學裏的八專九醜日，即與大六壬的八專課有關係，並非純粹子平術的技法。

而八字命學的一些早期著作，例如《玉照定真經》，及《珞琭子三命消息賦》

等都出現許多六壬的術語如貴人、十二神將等等。如《珞琭子三命消息賦》裏就說：「大吉生逢小吉、反壽長年，天罡運至天魁、寄生續壽。」大吉、小吉、天罡、天魁這四個都是大六壬的術語，其實即是丑未辰戌。

這類術語在《玉照定真經》裏面也很多，所以有些人亦認為《玉照定真經》其實是關於大六壬的古籍，而非八字古籍。

此外，大六壬專研地支，十二神將及數以百計的神煞皆依地支的法則排列出來，所以有時被稱為地支學。而八字重用天干和地支，在發展的過程中，也參照了不少六壬地支的理論。所以，六壬和八字的關係應該是頗為密切的。

一個流派的誕生

現在談到四柱命理，都會以子平之術來代表。但其實在子平法未出現時，四柱命學也已發展得頗為完善。例如唐朝的命理大師李虛中本身也是個劃時代的人物，他摒棄了傳統星法的架構，亦放棄許多瑣碎神煞不用，只用四柱干支及納音五行進行預測，時人稱其「百不失一二」。

而且，唐宋時期也有不少大師如王廷光、瑩和尚、李仝和宰公等，他們亦各有自己的論命體系，所以現在流行的子平術在當時只是四柱的一個流派而已。

子平原是一個人名，本姓徐，是五代十國的人，據說曾隱居於華山，其四柱學說在當時芸芸流派之中，可謂是獨樹一幟，屬於劃時代的創舉。他以日干為主，將年柱置於次要地位，而且摒棄納音五行及相關技巧，純用正五行理論，並大大豐富了十神學說。

子平法有很多優點，相對其他流派來説比較易學易用，而且準確率極高，為四柱命理開創了一條新的道路。所以最遲在元代，徐子平已被尊為宗師，學四柱者多以其學説為本。

由他開創出的大轉變，可謂是四柱命理學的範式轉移 (paradigm shift)。

及後，子平法在流傳過程中不斷發展和完善，累積了很多寶貴的法訣。這個流派亦最終成為了四柱命學的頂上寶珠。

本屬秘傳命法

現在凡是學習四柱推命術者，幾乎必屬子平學派，無他，因古法幾乎已失傳，或者只屬於秘密流傳的學問。

但若時光倒流數百年至宋代，大家可能會驚訝子平法在當時原來亦屬於秘密流傳。徐子平在華山隱居，和陳摶和麻衣道者研究學問，不問世事，所以當時並不為世人所知。

後來他的徒弟沖虛子學成下山，到處幫別人算命，大家開始驚嘆其命理技術之準驗，才開始「當世重之」（《三命通會》）。徒弟的功夫這麼了得，乃師徐子平之名才逐漸為世所知，此時具體的命理功夫應該還未流傳開去。

及後沖虛子再傳給道洪和尚，道洪和尚再傳給徐大升時，已經屬於南宋時期，離徐子平的北宋初年接近三百年了。

徐大升雖師承徐子平的技法，但在某些細節上有自己的改造，所以元朝時開始分別稱為子平法和大升法，但總體框架仍屬於日干為主，用正五行及十神論命的體系，所以後人乃將之歸入子平法。

徐大升對子平法的流佈貢獻十分巨大，他將子平理論分別寫成《淵海》和《淵源》兩本書，自此子平法才開始廣為人知。明朝時兩本書又合併為《淵海子平》，成為子平命理的重要經典，奠定了日後一統命理江湖的基礎。

可以說，直至《淵海》和《淵源》兩本書出版後，子平法才正式由秘傳的狀態變成顯學。

誰是西山易鑒先生

在子平發展的過程中，有一個人很重要，就是西山易鑒先生。

子平學很重視月令格局，但一開始有十八個格局，用法較為混亂。而易鑒先生對子平改革的最大貢獻，就是將十八個格局簡化為十個格局，再精簡為六個標準格局，而且釐定了一些使用規則，使後人更易掌握，用起來更加有規範和精準。

可惜的是，雖然在許多古籍中都見到西山易鑒先生的名號，但這位仁兄卻一直被忽略，乃至於其人的身份及行跡都模糊不清，可謂是被遺忘了的命理高手。

近人梁湘潤考證說他就是宋朝大儒兼術數家蔡元定。蔡元定和朱熹亦師亦友，著作等身，而且著有風水典籍，但就未聞其有研究命理。所以梁湘潤的說法不太站得住腳。

反而有另一個說法更有根據。在明朝萬曆二十八年一個版本的《淵海子平》中，易鑒先生的名號為西川，而非西山。而明朝出版的古籍《寸金易鑑》作者即是西蜀易鏡先生，此書內容也是將子平術分為六格，其他規則亦極相近。故易鑒先生的真身很有可能就是西蜀的易鏡先生，而非生於福建的西山蔡元定。

其學說的其中一個重點是對月令極其重視，只取本氣而用，「月令用金只用金、用火只用火」，不用參看節氣深淺。例如生於夏天，就用火，生於春天就用木。

經過易鑒先生的改良，令子平法更加簡潔和體系化，不但提高了精準度，也令後人學習起來更加容易。

坊間許多人學習子平比較急功近利，一入門就學陰陽五行、天干地支，然後就起盤算命了。反而對子平的發展不甚了了，以為無關重要，以至於一入門就學旺衰、流通、調候，大大忽略了對傳統古法極重視月令為格局的法則，十分可惜。

我問過許多學子平的人，其實都不了解古法重月令格局的重要和威力。希望此篇能引起重視，這對提升八字功力會很有幫助。

出生年月即可算命

四柱命術即是以年月日時各立一柱，加起來就是四柱了。其實從源流來看，日柱和時柱則在唐朝時才加入成為四柱的完整體系，這個觀點紀曉嵐在晚年時已是認同的。古人最早只以年柱月柱算命，效果看來也不錯。

事實上，系統地以干支記年自東漢開始，故四柱命理不可能早於東漢。可以想像得到，當每年都有一個干支作代表，每個人出生後就自然會以此作為標記，以年柱來算命的方法亦得以發展起來。

按史書記載，最早的年柱干支算命就出現在魏晉南北朝。

三國時的傳奇術數人物管輅，曾說自己出生於寅年，加上出生時遇到月食，故法主短命。這是出生年支再加上星命術的批斷。

東晉時的著名宰相王導生於丙申年，有段時間住在冶城，某次患上重病，方士戴洋說他的年支申金頭上被年干丙火剋，為「金火相爍、水火相煎」，而且冶城的冶字又屬火，剋他的申金年命，所以才生病，建議他移居冶城之東，移居後竟然慢慢好起來了。這裏，戴洋的命術則以年柱的天干地支為主，再加入了名字學。

至於北齊時的魏寧，則用上更純粹的干支命術。當時的皇帝以自己的出生年月問前程，但只推說八字屬其他人。魏寧的答案是「極富貴，今年入墓」。入墓是命理的術語，在此語境下以凶論。他的斷語把皇帝嚇得半死，未幾皇帝果然駕崩。

此例看來，只以出生年月推算亦可謂甚準。

四柱古法有真訣

四柱命學的技術，徐子平之後的可稱為新法，而之前的則可稱為古法。當然，我們現在學的已經算是新法中的新法，有部份都不是徐子平留下來的東西了。

現在我們都很少會用古法，覺得它比較麻煩，而且訣法比較殘缺不全。不過，內裏其實有很多寶貴的技巧可以參照，不能完全忽略。

例如古法中有一個組合叫做榮神格，根據宋朝的《五行精紀》記載：

「春甲乙日時　夏丙丁日時　秋庚辛日時　冬壬癸日時　四季戊己日時」

主人心明，日時金見者足壽，富貴多權。

這個組合，今日我們可能只視之為普通的建祿格而已，或者日干有月令有根為得令得地而已，無甚特別。但古法中，單單這個組合已經代表有貴氣，命局的層次已比普通人稍勝一籌。

此外，還有許多看財運的技巧也很重要。有時命主的財星薄弱，甚至無財星，但其人發財千萬，身家豐厚。只要用古法看財運，就能知道端倪，絕非命盤有錯。

所以，有時一個八字看來看去無甚特別，但命主的實際運途不錯，這有可能就是漏看了古法中的部份法則了。

台灣的命理大師梁湘潤將這類技法統稱為子平母法，認為後世的子平技法是由此而推演出來。

他的觀點很有獨創性，或許可為忽略古法的人帶來一點啟示。

星平結合有其用處

星命和子平四柱雖然分途發展，但許多命理前輩其實都經常結合一起來運用，二者並非涇渭分明。

明朝就有一本書叫做《星平會海》，提倡星命四柱合參，而民間也是流行二者合參的。直至民國時期，許多民間算命師仍然同時用星盤四柱推斷，沒有完全的截然分開。

在名著《金瓶梅》中，西門慶找人幫李瓶兒算命，算命先生就是先用子平法推斷，說李瓶兒屬於印綬格，流年是「比肩用事，歲傷日干」。然後就用星命術去輔助推斷，說她流年是計都星照命，又命犯喪門五鬼，所以有災。

算命先生也解釋道：「夫計都星也，陰晦之星也，其象猶如亂絲而無頭，變異無常，大運逢之，多主闇昧之事，引惹疾病」，以此說明李瓶兒生病的原因。

計都星就屬於五星術的符號系統，並非子平術的內容。

事實上，部份命理歌訣更是星命二術皆適用。如《月談賦》前面才說：「滿眼兒孫、定是五宮見貴、百年夫妻、皆因七位逢生」，後面就說「印綬若逢財、官非日日來、正官逢正印、名利自然順」。

前面所說屬星命法，其法以五宮為子女宮、七宮為夫妻宮，而後面所說就屬子平中的十神法。

因此，四柱命學可說是有兩個版本，一個是繁版，另一個是簡版。現在坊間流行的就是簡版，此法以正五行為主，加入簡易的十神斷訣和部份桃花、紅艷等神煞。

有些人則以身旺弱、流通、和夏天用水、冬天用火的簡易調候法，已經可以對命運作出大致的批斷。但此法太簡，而且漏洞也不少，效果也不太穩定。

而繁版則以十神為主，甚至加入古法斷訣以及納音五行法則，再加上部份星命學的要訣，例如命宮及大量神煞等。這樣能斷出許多關鍵和細節，而且邏輯性較強。

此法其實以前較為流行，只是現代人喜歡簡單，而且繁版甚多口訣，識者容易藏頭露尾，不易流傳，所以才變得少人知少人用而已。

學命理需通曆法

命理學是以出生時間為推算依據，若時間不準，推斷就會出錯。而曆法亦主要是研究時間的學問，與天文占星、命理占卜等術數的關係都比較密切。

離開曆法，許多術數都不能運作。所以，習命理者即使無必要擁有編曆法的水平，亦需對曆法有基本的認識。

七政四餘星學在明朝以後開始衰落，一個重大原因就是政府嚴禁民間研習曆法，以致連皇家的曆法都出現錯亂，無法準確預測天象。

事實上，不少歷史人物亦同時精通曆法和術數，如唐朝的李淳風曾造麟德曆，其本人則精通天文占星學，並傳著有《推背圖》。唐朝的一行和尚曾編造大衍曆，本身亦精通風水術數。

曆法有分為官曆和術數曆兩種，部份術數如古三式中的太乙神數有太乙曆法，算命術中的符天術有符天曆，九曜術有九曜曆，都有自己的曆法，自成體系。至於學命理者例如四柱子平，則無須另編一個術數曆，參看官曆即可。

但看着官曆起命盤，看似簡單，其實亦有少許竅妙之處。若不注意，很有可能起錯命盤算錯命。

其中一個要害處即關於月份的確立。曆法以二十四節氣釐定十二個月份，但具體而言有兩種方法，一個是平氣法，一個是定氣法。

中國自古以來都使用平氣法，即是將一年時間平分為二十四份，於是每份約十五日多一點。

此法較容易計算，但和實際的天象運行有出入，所以天文官們推算日月食和五星運行時都不會用這個方法，而是採用按實際的天文運行軌跡而定的定氣法。

定氣法以實際太陽運行距離而定二十四節氣。由於一個周天共有三百六十度，分成二十四節氣後，每個節氣佔十五度。這個方法比較精準，用來作天文測量比平氣法優勝。

但由於種種問題，官方仍以平氣法來編定民曆。只是到了清朝時，由於西方傳教士掌握欽天監，才開始正式一律使用定氣法，摒除平氣法。

問題就來了，由於地球公轉時快時慢，冬天時最慢，夏天時最快，於是冬天的節氣之間時間相差較短，只有十四日。夏天則較長，相隔達十六日，和平氣法的平分十五日左右有出入。

實際運用中，就出現了本來是上個月的日子，但變成了這個月的情況，月柱完全改變。

再加上時間的精確度有所不同，故現代官方曆就與部份民間曆法產生矛盾。

若出生在節氣前後一兩日，就有可能會起錯命盤了。

所以，在實際起盤時，碰到這些情況就要小心求證，以免出錯。

只算今生　不論前世

命理學的研究對象，當然是人的命運。不過，自從因果報應、前世今生這個宗教概念出現後，慢慢地人們就想到用術數去推算前世命運，其用意亦無非是要探究前世因何緣故而導致今生的種種命運。

例如若遇到今生感情運不順，是否因為前生破壞了別人的婚姻？今生性格較為兇暴，是否因為投胎自六道中的修羅道呢？據說由唐朝一行禪師發明的算命術《達摩一掌金》就有這個推算法則。西洋占星裏亦有推算前生業力的技術和理論。

但存在不等於合理，先不論是否有因果報應和前世今生，單論這種推算法已是弊多於利，不應提倡，原因有二。

其一是因為過份宿命，容易導人迷信。本身命理被人詬病之處就在於過份宿命，不論推算結果好壞，都會令人產生一種命中注定的無力感，或多或少地打擊了人的積極性。

如果再加上前世決定今世事的推算，那宿命的弊端就更加嚴重，甚至乎會令命主去到迷信的程度，使命理學更容易走入怪力亂神的歧途。

多年前有一位朋友很熱衷看前生，凡有宣稱能看出前生的大師他都去拜會。有時即使內容荒誕，他亦照信不誤，但對他現世的命運卻無半點啓迪作用。這不是迷信又是什麼呢？

再者，前生命運難以核實，不論推算結果如何，皆難找到事實去肯定或否定。極端一點來說，即使命理師信口開河命主亦無從反駁，這就給予許多神棍以可乘之機，到時受害的是命主本人。

其實理性點來看，許多算命師連命主下一年的命運都未必算得準，還能指望他們算得準前世嗎？

所以命理界還是別碰前世這個潘多拉的盒子，以免後患無窮。老老實實算好今生的命運，幫命主撥開雲霧，指點出路才是正途。

子平過三關

命相術向有過三關之説，即以能説中命主父母、兄弟等情況為入門標準。但此篇所説的過三關不是技術層面，而是指學習階段。

第一關是信心關。此屬於入門階段，這時對自己和所學術數皆缺乏信心。一方面擔心自己未必有能力和慧根學習，覺得命理只有世外高人才能掌握。

同時又不肯定子平算命是否真能預知禍福，有時甚至會視之為十二生肖和十二星座之類的算命遊戲而已，所以學起來會有點玩票性質，未必太認真。

第二關是精準關。當學習八字一段時間後，已初步掌握論命技巧，而且亦批過親人朋友的八字，這時就能累積到相當的信心，而且對研習八字的投入度有所提高，知道它確是一門能協助認識自我，指點迷津的好工具。

此時可謂已過了信心關，但接下來的挑戰就是要把技術提高，一個命盤在手就要研究如何斷得精準和細緻。此時最大的問題有兩個，其一就是淺嚐即止，以為能大概講出別人的用神喜忌，以及籠統的吉凶禍福就已經天下無敵。

其二乃是門派之見，以為自己所學的路數最好最正統，並輕視其他門派，這些心態都會局限了進步，可能令學者永遠只能在門外徘徊，難窺命理之奧。

第三關是迷信關。學者至此應已算過一二百個命例，而且已能對命盤作出精準預測。普遍來說，能學到這個程度已經很不容易了，水平或已超過坊間許多誇誇其談的所謂命理大師。

但此時反而最容易變成迷信，行事之前每每都依賴八字喜忌而定，而且過份解讀，不敢越雷池半步。我有位學命理的朋友就是如此，算出某月不宜遠行，就連近至大嶼山遠足，甚至由九龍過海到港島都猶豫再三。這樣的精通命理，恐怕不但沒有讓生活更幸福，反而令人生失色不少。

而且，許多本是人事上的問題，例如兩夫妻感情不和，或自己人緣不佳，實亦有不少值得自我檢討和提升的空間。但許多人迷信命理，遇到問題只寄望在八字中尋找答案，而不先看看自己能做些什麼去改善，這個問題也是很值得反思。

古人一早就有留意到過份解讀術數的問題。漢朝的《論六家要旨》說過：「陰陽之術、大祥而眾忌諱、使人拘而多畏」。《漢書．藝文志》亦有說：「陰陽家者流……拘者為之、則牽於禁忌、泥於小數、舍人事而任鬼神」。可見，迷信術數命理的問題古今皆然。

其實，命理本來源於天地運行、以及歷史發展的規律，本身就是一套工具，和車船、手機、電腦的發明一樣，是為了讓人類的生活過得更好。有了命理的協助，我們可以盡量選擇在比較適當的時候、適當的地方、碰到適當的人、做適當的事，讓生活過得更幸福。

但命理也有其應用範圍和局限，不會事無大小都包含在其中，也不至於人生所有問題的解決辦法都包羅萬有。

所以，千萬不要將命理變成宗教。否則稍一不慎，命理就變成了迷信的大本營。

對待命理的正確態度，應是正信而不迷信，善用而不濫用。能做到這樣，方能有望超越第三關，做個真正的命理達人。

第二章

訣法之謎

訣法有獨到之處

學命理的人都有個情意結，總覺得高手都掌握了某些秘訣，而這些秘訣是一學即可用，一用即能中，但自己則與之無緣，所以學來學去都不能登堂入室。這種心態我稱之為「秘訣情意結」。

無可否認，命理的確有很多秘訣，而且有很多都很有價值，是前輩大師們長期經驗的總結累積而成，我在學命過程中也從中得益不少。

例如有句口訣是「天合地刑，是非奔忙」。如己巳日柱，見到甲申流年，就是天合地刑，代表當年會有不少是非口舌。我實踐過幾個己巳日柱的命例，的確都在二〇〇四甲申年與上司或同事朋友有衝突，搞得很不愉快。所以，此訣十分精準。

又有另一訣可看出命主在某些年份會被其他人聯合針對。

男命——

梟　**甲寅**

傷　**己巳**

日元　**丙寅**

食　**戊子**

例如此例男命，我斷他在一九九六和一九九七兩年會被一群人聯合起來對付，破財敗職，搞得很麻煩。他說的確如此，當年在一家家族經營的小公司工作，那兩年就是被全家族的人排擠算計，最後灰頭土臉離開，還惹下不少麻煩事。

九六年是丙子柱，九七年是丁丑柱，有些懂八字的朋友可能會說是因為比劫透干為忌，故命主被人對付。這只說中了一部份，關鍵的八字組合不在於此。

比劫為忌，可以有很多現象，例如自己不善理財而破財，又或者被朋友所累而有損失等。但我採用的口訣可以很精確地顯示出，是被一群人聯合對付，這就不是比劫為忌的單項法則就可以解釋得了。

可見，訣法自有它神妙之處，善用之常會有出神入化的效果。

體毛多命中已定

用八字去看外形特徵，不像看財運、工作運和姻緣運等能比較直接地指點迷津，但有時仍頗為重要。例如身材的肥與瘦，許多時就和運程有關。

有些人適合肥身形，有些人適合瘦身型。若命格適合肥而減了肥，適合瘦但卻增了肥，就會影響運程。所以，水平高的命理師傅，應透過查看命盤找出最適合命主的身形，並給予建議。

看外形特徵還有一個實際用途，就是正式推斷命運前用於確定命盤，若能看出明顯的身體特徵，那麼定盤成功的機會亦會大增。

八字可以看出一個人的外形特徵，例如高矮、肥瘦、美醜，這些很多人都知道。

例如若看到一個女命金水旺盛，代表其人漂亮，皮膚白晳。因為古訣有云：

「金水若相逢、必招美麗容」。

但除此之外，原來八字亦可看到一個人的體毛是否旺盛，這點則很多人都較少聽聞，其實這亦是變相看出內分泌是否旺盛。請看以下兩個例子：

男命——

官 **癸丑**
殺 **壬戌**
日元 **丙午**
食 **戊子**

這位男士手毛腳毛都比較濃密，屬於內分泌旺盛。

男命——

殺　**丙辰**

刧　**辛丑**

日元　**庚午**

梟　**戊寅**

這位男士體毛亦較為旺盛，胸毛尤其突出。

讀者從上面兩個例子能否悟出看體毛的訣竅？在這裏我可以提供幾個提示：

(1) 與五行無關

(2) 與十神有關

(3) 與四偏神有關

(4) 與地支有關

看完這四個提示，答案可謂已呼之欲出，聰明而又勤奮的讀者應能有所領悟了。若仍無頭緒，可以多找幾個體毛旺盛的命例研究，必有收穫。既可獲得一個新的法訣，亦可真正體會到所謂秘訣是怎樣推衍出來，可謂一舉兩得。

算命必先定盤

很多人去算命時都有時辰不準的問題，其中固然有些人是不清楚自己出生時間或搞不清楚真太陽時的問題。但即使出世紙清清楚楚地記錄下來，算出來的結果都仍然差強人意。於是唯有到處找大師算命，期望有人能算得準。

不過，有時問題其實不在於命理師的水平，而在於出生時辰是否正確。而何謂正確的出生時間？並不以出世紙作標準，也不純粹是計算真太陽時，而是看時辰所顯示出的命格是否和現實相符。

有些大師為顯功架，總喜歡一個八字拿上手就滔滔不絕地發表偉論，此八字如何如何，命主應如何如何才可趨吉避凶。問題是，你怎麼能肯定這八字正是其本人的呢？

算命行內，有時會有所謂錯有錯斷的情況，即拿着錯誤的時辰算命居然也準，反而用回原來出生時辰算就不準。明白了本章之意，就會知道根本不是錯斷，那個所謂錯誤的時辰才是正確的。

否則，若命理師不先行定盤，就推算出命主三十歲結婚，四十歲發達，但其實說的是別人，算命和被算命者都仍然懵然不知，這個場境多麼可笑。

日常生活當中，需要人核對資料的事情實在多的是，核對信用卡，核對身份證，核對密碼。作用是什麼？就是要核對是否你本人。算命也是同一道理，必須先定盤才可繼續算命。否則可能只是張冠李戴，一點都不專業。

所以找我算命的，我一定要定盤，先說幾句過去的事情以作核實。絕不會一個八字拿上手就開始表演。根據我的經驗，平均十個人中會有一兩個人是不能按出生時辰推算，必須往前往後換一個時辰。

最誇張的試過延後兩個時辰來算，今日的戌時變成了翌日的子時，連日干都改變了，然後才算得準。

所以，學八字的人千萬不要死抱着出世紙的時辰來算，否則定會撞板。

如何為嬰兒定盤

幫成年人定盤有很多方法，例如過去幾年的運勢起伏，身體特徵、職業特性、感情狀態等都可以用作佐證。但嬰兒剛出生不久，經歷的事情不多，如何定盤就比較費思量了。

但往往很多父母要幫嬰兒改名，也想了解他們未來幾年有無意外和病痛、成長過程有無需要注意的地方，這些都要看過八字才更清楚，所以定盤就顯得很重要了。

嬰兒的命格要定盤，必須看出生時的狀況，以及父母狀況。而且，根據我的經驗，嬰兒八字是可以看出自己未出生前的父母運程。

男命——

劫	**乙**	**未**
梟	**壬**	**午**
日元	**甲**	**申**
梟	**壬**	**申**

執筆之時，碰巧有位女士讀者剛生下男嬰不久，請我簡批一下吉凶。由於剛出生沒多久，我就以父母狀況來定盤。

此命以梟神為母，梟神坐下正財，本身就代表有錢，而過去幾年地支是巳午未，都是火年，主財氣旺盛。於是我斷命主的媽媽二〇一三癸巳年開始，連續幾年的財運都不錯，比之前賺得多。

這位讀者很驚訝，因為我竟然憑她兒子的八字就能斷出自己的財運。

我又以年干劫財為父親，乙木同樣以午火為財，過去幾年也同樣賺了不少錢。讀者的回答也是肯定的。

我接着再斷，這個男嬰有很多女性長輩照顧着，而且人數超出了正常狀況。而出生後不久，父親工作有晉升。根據讀者的反饋這些斷語也是對的。

至此這個八字基本上已能確定。於是我就為男嬰簡批了整體的格局喜忌以及成長期間要注意的事項。

我認為一個負責任的命理師，就應該採用這個先定盤、後批斷的程序，才能真正幫到家長和小朋友。

早夜子時　古已有之

所謂訣法，許多時都藏在基礎之中，只是許多人都有所忽略或誤解，於是反而成為秘密。早子時和夜子時就是一個很好的例子。

術數對子時特別重視，原因之一是因為它橫跨兩個日子，比較麻煩，稍為處理不當，就會出錯。

彭祖《百忌歌》就有云：「子不問卜，自惹禍殃」。我看子時不占卜倒不是因為有禍殃，而是因為子時的時辰不容易掌握，故不卜為上。

四柱命理也同樣有此煩惱，所以近幾十年很多人都採用早子時和晚子時的做法，即十一點至十二點為晚子時，當作前一天，十二點至一點為早子時，當作後一天，以十二點為界線。我起盤也採用早夜子時的做法。

許多人以為這種分法是西方曆法傳入中國後才出現，故新法可以補救舊法的含糊之處。不過，若研究一下古代的曆法，會發現早晚子時的概念一直都有，並非新事物。

古時計算標準一日分為十二個時辰，每時辰分為初刻和正刻，故加起來即今日的二十四小時。

由漢朝至隋朝時子時多以初刻為一日之始，即由 00:00 開始。

唐朝開始將子時定為 23:00 開始，但改以正刻為一日之始，故實際的一日之始仍然是夜半的零時零分，和之前沒有分別。

由此可見，早子時和夜子時乃是古已有之事，實在不必爭議。

子時界線不宜呆板

子時的秘密，除了早夜子時之外，還有子時的界線如何確定。許多人以為早夜子時的界線很容易界定，抬頭看鐘即知曉，但問題不是這麼簡單。

由於地球有自轉的原因，經度每隔十五度就會有一個小時的差別，故國際組織就將全球分為二十四個時區。中國幅員遼闊，從東到西就橫跨了幾個時區，例如北京和烏魯木齊就有兩個小時的差別。所以，北京時間早上七點，雖然太陽已經升起，但烏魯木齊的天空卻仍然漆黑一遍。

若有兩個人同時在這兩個城市出生，卻用同一個出生時間去排命盤，可以想像得到，實際的準確度必有偏差。此所以古時各地計算時間必用當地的標準，而非若今日般有全國統一的標準。

為了解決時差的問題，我們就要採用真太陽時的計法，以出生地的實際時間，而非鐘錶時間去計算命理的時辰。

我曾經算過一個新疆出生的命，要把出生紙上的時間減去兩個小時左右，才算得準，若按原來出生紙的時辰去算，就會錯得一塌糊塗。

若這個命出生在凌晨一兩點，那更是尷尬，因為會連日柱都會弄錯。

故此，排命盤時必須要知道命主的出生地，若命主在中國西部出生者，如四川、貴州等地，時辰要作大幅調整，可能連日柱都要換上前一天，而非今天。

除了要注意平太陽時和真太陽時，也要注意現代的時間計算方法是不斷在改變，並非一成不變。

國際上自一九五八年開始就以銫元素的原子輻射某個時間作為秒的定義，而每隔一段時間，官方又會使用最新的天文公式及數據去修改年曆時間。故此，隨着科技愈來愈先進，時間的精確度亦愈來愈高，零時零分的界線也持續會有輕微的改變。

以香港為例，香港天文台的年曆是根據英國皇家航海曆書局及美國海軍天文台的天文精算數據制定，與國內官方曆法一致，但與部份民間曆法則有出入。於是二〇一三年就出現了兩個端午節的問題。該年官曆定農曆五月初一為公曆六月八日，但民間有曆法則定為六月九日，之間相差有十分鐘左右。

若恰巧在此期間出生，要起盤定子時及日柱就有點困難了。究竟是根據精確的天文台時間呢，還是根據舊一點較模糊一點的時間呢？

須知道，四柱八字是在古代發展出來，時間的精準度要求並不甚高。所以在確定時辰的界線，尤其要確定子時界線時要小心求證，切勿過份呆板，以為只要鐘錶時間在 23:00 至 1:00 之間，就必定是子時，那就可能會鬧出笑話。

四柱也有天地人盤

天地人盤主要是式占和星派命理的特點，例如近代紫微斗數就有天地人盤的說法，即實際出生時辰不代表命理的出生時辰，命理師須在實際出生時盤的基礎上再起兩個新盤，三個命盤之中只有一個才是正確。

因此，同一個時辰，可以有三個命盤的選擇。

這個做法在四柱八字中一直未有聽聞，只有元朝時的先天命盤和後天命盤才有少許相近之處。但其實四柱的確有類似的概念，只是至今似乎從來無人發現，又或者無人道破。

其實有不少人認為，所謂的原始盤算命也很準，根本不需要再調整，最多確定時辰即可，無須搞什麼天地人盤。其實，批命累積有一定經驗者，都知道有這麼一個現象，就是無論用什麼算命技巧，水平如何高超，而且已經前三個後三個時辰都嘗試一遍，卻總有些命格仍然算不準。

以前的人以為還有什麼論命秘訣未發現，於是埋頭苦苦鑽研，但其實真正原因，根本與論命技巧無關，而是此命盤根本不是命主本人，但又不能靠推前推後一兩個時辰去算，因為時辰本身是正確的。許多時，命理師就只能嘆句無緣了。

其實，在這個時候仍然有調整命盤的必要，必須對原命盤的日柱再作少許調校，然後算起來才會準確。我自發現這個秘密後，找出過往算得不準，或半準半不準的命例出來，重新校定命盤，再仔細推算，竟發覺同一套論命技巧，此時推斷起來精準度大增。

可見，四柱也存在類似天地人盤的技術，望讀者不要忽略為要。

剖腹產子的迷思

擇時辰剖腹產子，以達到造命效果的做法，最先是由港台興起的，近年已經流行到內地。這個理論聽起來很完美，只要有錢，能找到命理高手擇時辰，生出來的孩子就可以一輩子健康聰明，富貴雙全。

但實際效果其實未必合乎理想，因為此乃一半人事一半天命的事情。

用常理就可以知道，一個胎兒生長了十個月，身體已發育成型，怎會因為出生時辰而一下子就改變了。此所以四柱古法首重胎元，即胎兒開始成長的時間，其次才是年月日時，所以四柱古法有胎月日時的説法，只是現今已將胎元廢棄不用而已。

有心者不妨做個實驗，找高手們分別擇一個有某種先天性疾病的八字，看看是否一出生後就能馬上應驗？答案理應是否的。因為，若胎兒在母體內健康發育，根本不會在患有先天性疾病的時辰出生。

我曾經算過幾個剖腹產子的命例，部份的確運氣不錯。但有部份可能算命先生功力不足，選出的時辰其實很一般，並無他們說的那麼好。其中有一個例子，命格是不錯的，但和實際運勢不符。我用特別盤調整之後就完全符合了，也只是一般的命局而已，並非特別優秀，而且缺陷不少。

剖腹產子要真正有效，有極大的難度。因為要先找到命理高手定出合意的出生時間，而整個生產過程都沒有障礙，能在預定的時間內出生，這樣已經很不容易。

胎兒即使能在預定的時間內出生，由於四柱存在天地人盤的差異，所以實際的命運並不一定如預設般好。此所以，《三命通會》中載錄了所謂的十大貴人出生時間，以至於近代人吹噓能擇好時辰剖腹產子，都有點倒果為因，實際效果成疑。

當然，出於趨吉避凶的目的，選擇時辰產子作為命理中的優生術也有其用處。但也不是漫無目標，隨便選一個認為好的就行，必須參照父母的八字才能選出一個合理的優質時辰。

大運排法有缺陷

所謂訣法經常藏在基礎裏，排大運又是另一個好例子。

根據四柱命理的命盤排法，大運的排法須根據原局的年柱和命主性別而定，故此，原命局一排好，大運其實也就已經確定下來。運是依附於命，而非與命並列。

俗話常説一命二運三風水，將命和運並列，又説命好不如運好之類，把命和運視作完全不同的兩個部份，在觀念上是有問題的。

傳統的大運排法原本並無異議，千百年來一直是陽男陰女順行，陰男陽女逆行。所以同一個命局，男女的大運排法並不一樣。

但在實踐中，經常會發現傳統的大運排法有偏差之處。原局時辰已定盤，確定無問題，但大運的走勢卻總是對不上實際運程。

以倪匡的八字為例，他二十七歲開始寫科幻小說，多年以來紅透半邊天，有人估計他收入過億港元。

倪匡八字——

印 **乙亥**

財 **辛巳**

日元 **丙午**

梟 **甲午**

逆排大運——

庚辰
己卯
戊寅
丁丑
丙子
乙亥
甲戌
癸酉

命局屬陰男，按傳統排法應是逆排。問題來了，原局的財星屬金，雖然月令有氣，但不算太強，而逆排大運後一路都是水木大運，根本不能幫扶財星。也就是說，按傳統大運排法，倪匡其實賺不了多少錢。

順排大運——

壬午
癸未
甲申
乙酉
丙戌
丁亥
戊子
己丑

但如果將大運順排，第三和第四步大運都是金運，亦即倪匡的財運持續了二十年，這樣就可解釋為何他能夠賺那麼多錢。

我手上還有數個例子，都是大運要反傳統地排列，才能算準。可見，傳統排大運的程式有必要微調一下，增加更多參數去提高準確度。

很多人都嘗試提出改良方案，例如大運要一律順排，又或者效法奇門遁甲和玄空風水般，以冬至和夏至區分陰陽，而非目前以年柱干支的陰陽作標準。這些方案都很有創意，都值得肯定的，但論準確度仍是差強人意。

我自己採用的方法也是在傳統基礎上的微調，效果很好，準確度提高不少。希望各位有心人對排大運的方法多加留意。

四柱命理本身就是經過多次改良後變成現在的體系，所以千萬不要以為古法一定好，不能修改。

心法重於訣法

連續用了許多篇幅探討訣法的問題，相信讀者對此課題已有一定的了解，但還想再談談心法和訣法的問題。

命理訣法多以歌訣形式保存，之所以一直流傳至今，主要有兩個原因——

第一是為了便於流傳：

古代出版書籍不若如今方便，篇幅太多不利流傳，所以必須將斷命的心得經驗濃縮成為一些歌訣，把重點記下。比如若有十點心得，可總結成十句歌訣，加起來可能都不超過一百字。再加上點押韻就變得琅琅上口，容易記憶，流傳起來更加方便。

第二是便於保密：

術數類知識的流傳向有秘傳的習慣，不會完完全全向外透露核心部份，這固然因為受天機不可洩漏的觀念影響，亦因為秘訣是商業秘密而必須遮遮掩掩。

歌訣形式訣法的特點就是精簡，凡精簡多是重點突出但會有所缺漏，而缺漏之處亦正是另一個秘密所在。

以「天合地刑，是非奔忙」的訣法為例，其實不是所有干支的天合地刑都會有是非，只有部份是如此。所以若只從文字上揣摩則會時準時不準，久而久之就唯有廢棄不用。

若有人把關鍵挑明，即此訣只適用某些干支，而且只在某些情況下才能運用，那麼準確度馬上就會提高。

所以，對於訣法的運用，要很細心才行。正因為大部份人都不細心，所以才會有秘訣不秘，時準時不準的問題。

事實上，即使是完整的訣法亦有不少問題，並非百分百準確。例如元明時的《碎金訣》有云，「一不沖二，二不沖一」意即兩個地支不沖一個地支，例如二子不沖一午、二寅不沖一申。實踐中發現，此訣不準。

而且，訣法會令到論命的過程缺乏邏輯，有點無線，或有線無面，看似重點突出，其實是割裂和碎片化。

可以想像到，若純用一堆訣法去算命，本來環環相扣的命運軌跡就會變成一句句孤立的斷語，部份看起來很能鎮住人，但無助於認識整體命運趨向，「如七寶樓台，炫人眼目，拆碎下來，不成片段」，對命主本身的幫助不大。

學命的人若習慣以訣法的思維去學習，水平必定有限。

訣法是論命經驗的累積和總結，然後再濃縮而成的結晶品，營養價值高但不全面，一心只求訣法，反而會出現營養不良或營養不平衡，對身體有害。

所以，學命始終要重視心法，即對整個命局的閱讀能力，對命運大勢的把握，和命局切入點的探尋能力，而不是孜孜於碎片化的訣法。

心法重於訣法，是我的經驗，讀者可以參考。

難以捉摸的用神

說完訣法，這篇就探討一下用神的問題。

學八字必會學習到用神，如果你說自己懂八字，但不懂找用神，肯定會被人取笑。許多人唯用神馬首是瞻，一個命盤在手馬上就會找用神，找不到用神就馬上變得手足無措，完全不知道如何斷命。但有些人又完全不理會用神的概念，認為會局限了論命。

其實命盤捉用神的確有其必要性，但何謂用神則人言言殊了，以致出現許多分歧。同一個八字，A說用神是火，B說用神是水、C說用神是金，莫衷一是。

因此，捉用神就成為命理必學之科目，甚至是秘訣。有時不同門派的分別就在於怎樣找用神，或甚至需不需要找用神。

現在流行的用神有幾種，包括扶抑用神、調候用神和流通用神等等，都是指用了就對命格好的元素。例如火對命格有利，火就是用神了。其實在四柱命理史上，這些概念算是非常新潮，真正流行不過一二百年，但傳統經典中比較經典的用神觀並非如此。

根據《淵海子平》、《三命通會》、《神峰通考》等典籍，用神主要就是指財星和官星，概二者一為富一為貴，代表人一生的物質享受，和社會地位，無數人的努力都只是為爭取財官之事，所以財星和官星即是用神，即是人生在世可以受用之神。

及後用神概念又演化成為月令可用之神。如生於夏天，月令是火，火就是用神。生於秋天，月令是金，金就是用神。如西山易鑑先生就提倡「月令用金只用金、用火只用火」，這裏所謂的「用」就是指用神。

用神確定了，命盤中其他元素就只是發揮輔助性質，從不同方面把這個用神的作用發揮出來而已。

用現代的話來說，用神就是你在世界上生存發展的最大籌碼和推動力。能夠把它找出來，而且能夠揚長避短把能量發揮到極致，命運就可以過得很好。在這個意義上來說，捉用神確實很重要，具體捉用神的方法請參看《十神洩天機》。

不過，八字的內容不只用神，還有許多其他斷命的技巧，這點讀者也需要注意。否則，若以為捉用神就是一切，則會犯上以偏概全的錯誤。

論命要講邏輯和因果

許多時，命理現象的出現總有前因後果，而且即使當時看來較為離奇，回頭去看時也會覺得是合情合理。命運絕不會突然出現某些事，而又找不到原因。

但坊間許多人算命普遍喜歡斬件式，即一個個點地去看：七歲生病、十歲父母離婚、學歷不高、個性偏激急躁、早年不順、四十歲後開始發達，晚年平順，宜晚婚，早結早離。明年有血光之災，可能有手術意外，需特別注意。

這種零碎的論命式看似鐵口直斷，重點突出，但其實對命主幫助不大，而且有宿命論的傾向。命主聽了這些批斷，如果正值三十九歲，第一反應是欣慰而且開心，苦日子終有出頭天了。但如果正值二十九歲，則會懊惱得很，因為還要熬十年才有翻身之日。

但其實，這些割裂的斷語背後，有一條主線貫串着：一個小時候家庭破裂的人，成長期缺乏指導，以致早年到處碰壁。四十歲後人生經驗豐富，而且有堅強的鬥志，而且懂得欣賞和珍惜身邊擁有的人和事，命運才開始漸入佳境。

因此，若二十九歲時去批命，能知道牽引自己命運的核心原因，從而去改善自己的缺點，反而有很多改變和提升的空間，不用到四十歲即可漸入佳境。例如即使早點結婚亦不一定早離，因為感情智商已經有所提升了。

再舉一個微觀的例子，若推斷出某年有桃色糾紛，真正高手就必須要推斷出此桃色糾紛是由於之前何時，因何事與何人種下這個因。能找到這些因，就能防患於未然，令命主有所趨避，或做一些補救措施。絕不能一句有桃色糾紛，要小心謹慎就了事。

二〇一五年時有一位中年女士找我批命，我斷她目前工作相當麻煩，人事複雜，壓力大。她當時只是點頭稱是。我再推斷導火線是上層人事架構的變動，但也和自己的工作模式有關。此情況開始於二〇一四年的陽曆四五月左右，當時處理不善，以致問題愈來愈嚴重。幸好隨着時間推移，事情可告平息，二〇一五年下半年將會結束。

這位女士本來一直是愁眉深鎖，但聽完後竟然露出了笑容，回應的確如此。她笑固然因為逆運將會過去，但同時亦因為知道原是命中早有啟示，若當初妥善處理，調整自己的工作模式，當不至出現今日的窘逼。這時的笑多少有點尷尬和無奈。

佛教有句話叫做「菩薩畏因，眾生畏果」。命理來看，則是上等智慧重視因，普通智慧重視果。所以，許多時推斷原因，比推斷結果更重要。

年忌與人生關口

許多人算命喜歡問自己壽命，有些算命師也以斷準別人何時命終而自豪。我本人卻很少幫人斷壽命，只會說某年會是個大關口而已，並會授之以趨避之法，望其能順利過渡。否則，只說忌年而不說如何趨吉避凶，徒添命主的心理負擔而已。

張國榮的姐姐張綠萍曾在電台訪問中說到，張國榮二十多歲時，誼母曾拿他的時辰八字去算命，算至四十六歲便停下，並寫上：「到此為止，容後再談」，令到張國榮非常緊張。

他在四十六歲之年結束自己的生命，雖然是有種種的原因，但不能完全否認，他的決定某程度也受到當初這個算命師傅的預言所左右。若當初有人授之以趨避之法，在四十六歲的關口年重點照顧，或許能令張國榮避過這個生關死劫。

張綠萍回憶此事時亦深感悔咎，說當時若肯多花點時間照顧弟弟，可能結局會改寫。

命理上確有忌年的看法，即人生中某些年份的生命能量會較低而容易出現危機。忌年的理論來源甚古，早在漢朝時的《黃帝內經．靈樞經》已有云：「七歲、十六歲、二十五歲、三十四歲、四十三歲、五十二歲、六十一歲皆人之大忌，不可不自安也。感則病行、失則憂矣。當此之時，無為奸事、是謂年忌。」

意思即是，七歲開始，每隔九年就要注意保養健康，不要作奸犯科，否則會招惹災病。

北方民間也有類似的諺語：「七十三、八十四、閻王不請自己去」，意思即七十三和八十四歲是人生兩大關口。

四柱命理關於運限也有不少説法，有用納音五行，有用正五行，有用年柱看，有用日柱看，都有準驗。

例如有一個組合叫做沖天煞：「生日對時人命短、生年對月也堪傷、此是人間短命法、人生至此少年亡」。

例如寅年申月，子日午時出生，形成年月沖，日時沖，若整體命局甚不吉，就容易在三十歲前去世。

還有一種就是以年柱來看，所有人每逢出生後的第六年，都會遇上和年柱天剋地沖的流年，此時若原局八字組合不吉，就會容易出事故。

例如某人丙申年出生，第六年就是壬寅年，與年柱丙申天剋地沖，形成一個比較需要注意的運限，若有其他不吉的結構一併出現，就要極度注意了。

怎樣看住宅房屋

人的基本欲望，無非是日求三餐、夜求一宿。沒錢就住得簡陋點，有錢就住得豪華點，總之就是要有個睡覺的地方。至於有些人以炒樓為生，富至田連阡陌，這又是另一個層次了。

命理學對住宅的問題有大量研究，所以七政四餘和紫微斗數都有田宅宮，專門看住宅和辦公室的狀態，例如風水如何，適合住新宅還是舊宅，有否外人同住等等，命理師都可以從田宅宮中一窺端倪。

但坊間許多講四柱命理的書主要談論財富、姻緣、健康等範疇，田宅就少有提及，其實四柱命理也有看田宅的法門，細分之下主要有四種：

(1) 看五行，土氣旺代表與田宅房產有緣。事實上，命局中土氣旺而天干又有戊己的人，的確容易置業，甚至可以炒賣房產為生。

(2) 看十神，印星旺盛者亦與房產有緣。這個本來不是什麼秘訣，因為文王卦中父母爻即代表房屋，父母爻在四柱中即印星，二者簡直是一脈相承。

(3) 看整體命局，許多時整體命局的組合能夠斷出住所的許多奧秘，各位讀者參看我第一本著作《十神洩天機》即可知曉部份用法。

(4) 看宮位，四柱其實如星命學般也有類似命宮、遷移宮和父妻宮的概念，只是過去研究得不多，識者也隱隱晦晦。

四柱的田宅宮，古法以年支來定位，年支前五位是陽宅宅宮、後五位是陰宅墓宮。例如若子年出生，則見巳是宅宮、見未是墓宮，若任何惡煞沖犯到這兩個地支就會有影響了。

《消息賦》云：「宅墓受煞，落梁塵以呻吟。喪吊臨入，變宮商為薤露」。

《玉井奧訣》亦云：「氣衝宅地，難依祖業之基」。

這兩句古訣説的就是這種宅墓宮。

但我個人不用這種古法的田宅宮，覺得不太順手。反而用新法去推斷田宅狀態和變化更為準確而且直接。

男命——

才 **甲戌**

殺 **丙寅**

日元 **庚午**

印 **己卯**

命主於二〇一六年初找我看命，他之前也找過不少人批過命，由於這個命局比較簡單，所以我所批斷的結論和之前所說都大同小異。但關於田宅部份則很少人說到，當時我的斷語如下：

(1) 住的地段或房子賣得很貴，不是賤價地段。

(2) 雖然地貴但附近品流複雜，三教九流都有，而且治安也很一般，過去幾年尤其差，有惡化跡象。

(3) 所幸的是，最近幾個月治安有好轉跡象。

(4) 最近幾個月附近多了質素較好的住客，命主會覺得比較安心。

(5) 住宅陽光充足，甚至有過多之嫌。

(6) 此屋風水不佳，命主入住後工作不順利，壓力大，易犯小人，賺錢愈多愈倒霉，而且身體亦轉差。

(7) 近幾個月房價亦回落得比較快，二〇一六年價格更會大跌，他亦有很大機會將物業出售。

命主聽完我的斷語後大感驚奇，想不到簡單的八個字都能斷出這些事，於是邀我到他家直接察看風水，這些都是後話了。

我在這個命例中用上的技巧就是看田宅的新法，結合星宮及原局一同參看，完全無須用古代的宅墓法了。至於具體看何宮位，各位細看《滴天髓》即能悟出，上過我八字課程的學生亦會知道四柱的田宅宮在何位置。

第三章

生肖文化與實戰法則

指鹿為馬並不荒謬

十二生肖是流傳已久的文化體系，幾乎每個中國人都可以講得出自己的生肖。

	中國	印度	伊朗	埃及	巴比倫
子	鼠	鼠	鼠	牡牛	貓
丑	牛	牛	牛	山羊	狗
寅	虎	獅	豹	獅	蛇
卯	兔	兔	兔	驢	蜣螂
辰	龍	龍	鱷魚	蟹	驢
巳	蛇	蛇	蛇	蛇	獅
午	馬	馬	馬	狗	公羊
未	羊	羊	羊	貓	公牛
申	猴	猴	猴	鱷魚	隼
酉	雞	金翅鳥	雞	紅鶴	猴
戌	狗	狗	狗	猿	紅鶴
亥	豬	豬	豬	鷹	鱷魚

許多學者都認為生肖源於上古時的圖騰崇拜。但生肖崇拜不只是中國的傳統，世界許多其他民族都有各自的生肖系統，有部份竟然非常相似，所以一直都有學者研究它們之間的流傳。

在中國，最早其實只以十二個地支配上動物，不一定只限於出生年份。即凡是丑的地支，就必定是牛，可以是丑年，丑日、或丑時。目前的十二生肖排法，早在秦朝時已經建立完善，而且和現今的生肖排列九成相似。

但有趣的是，秦朝時午支是配鹿而不是馬，由於鹿和馬都是活躍跳動的動物，所以同屬於午支也不算奇怪。

指鹿為馬的成語本是諷刺秦朝宰相趙高顛倒黑白，但若了解到生肖文化的源流，就會看出指鹿為馬其實也有點道理，不至於如後世所認為般荒謬。

唐朝時也有種生肖排列法，是將寅支配上獅子，而非今日的老虎。當然這種排列有着濃厚的西域色彩，後來亦不再流行。

在隨唐時代，更根據印度傳入的做法，把十二生肖分為三十六獸，例如寅除了是虎，也是狸和豹，卯除了是兔，也是狐和貉。第一次接觸的人，定會覺得眼花繚亂。

所以，嚴格來說，十二生肖包括了超過十二種動物，內涵還是挺豐富的。

佛道也說十二生肖

許多人認為生肖只是民間習俗，但其實佛教和道教都將生肖的概念納入自己的體系，將之變得宗教化。其中一個特點就是多了守護神的概念，即每個生肖都有自己的守護神。

當然道教就以貪狼、巨門等北斗七星作為守護神，而佛教除了亦採用貪狼、武曲的星星外，更加入諸佛菩薩。

例如唐朝的高僧一行禪師認為，屬馬的守護神是虛空藏菩薩、屬羊的守護神是摩利支天。

另一個特點，則是把十二生肖的獸類視為害人的精靈。例如晉朝的道士葛洪視十二獸為山中常迷惑人的鬼怪，它們常會以不同身份出現，但不論如何，寅日見到的就屬虎精和狼精，巳日見到的就屬蛇精和龜精等，只要能知道它們的名字就能免於被害。

無獨有偶，隋朝佛教天台宗的智者大師亦視十二獸為害人的天魔精魅所化，而且配上十二時辰，每時辰又以初中後三個時段分別配上三十六種動物。如寅時着魔，則於時辰之初為貍、時辰之中為豹、時辰之後為虎。識別出生肖之魔後，便需再以念名字和觀想等方法去加以破除。

兩個宗教的生肖系統除了有預測成份，亦兼有宗教改運的元素。不少典籍如《梵天火羅九曜》和《佛説北斗七星延命經》等都詳細記載了各生肖出生的人能活多少歲、吃什麼食物、能賺多少錢等。

例如屬馬的人能有八十歲命，屬鼠的人能有六十五歲命。

另外，由於西藏受漢文化影響，故亦流傳有十二生肖。根據一些西藏的傳説，密宗大師蓮華生大士少年時，曾以十二生肖去理解佛學中的十二因緣學説。

在漢藏文化交流史方面，這些傳說也很值得研究。

由上可見，佛道兩教由十二生肖衍生出來的理論，是一個十分有趣的文化現象，有志於研究術數的人不可不知。

二十八宿藏生肖

關於生肖的來歷，尤其是排列次序，歷來都有不同的看法，其中有些觀點十分可笑。

例如說老鼠能咬開混沌的天地，故鼠排第一。天開了，需要牛耕地，故牛排第二，有了天地就有人，人被猛獸所食，所以虎排第三。這類神話創作式的解釋基本上可以忽略。

在各種解釋中，我覺得以二十八宿的答案較為合理，有研究價值。

古時將黃道和赤道附近的恒星分為四大區域和二十八宿，宿可理解為二十八個星座。這個概念中外皆有，古印度和巴比倫都有類似概念。

二十八宿每一宿都配一隻動物，故名字看起來很有趣，例如角木蛟、亢金龍、室火豬等，其實內裏甚有文章，和生肖的排行很有關係。

根據清朝《協紀辨方書》的解釋，二十八宿分佈於十二個宮位，子午卯酉四個宮位各分配三個星宿，剩下的八個宮位則各分配兩個星宿。

子宮：虛日鼠、危日燕、女土蝠

丑宮：牛金牛、斗木獬

寅宮：尾火虎、箕水豹

卯宮：房日兔、氐土貉、心月狐

辰宮：亢金龍、角木蛟

巳宮：翼火蛇、軫水蚓

午宮：星日馬、張月鹿、柳土獐

未宮：鬼金羊、井木犴

申宮：觜火猴、參水猿

酉宮：昂日雞、胃土雉、畢月烏

戌宮：婁金狗、奎木狼

亥宮：室火豬、壁水貐

上列的排法，是以主星宿排在各宮的第一位。可以看到，每一宮位的主星宿所配禽獸，即是十二生肖，無一例外。

例如子宮的主星宿即是虛日鼠，丑宮的主星宿即是牛金牛，寅宮的主星宿即是尾火虎。

二十八宿的歷史相當悠久，最早可追溯至周朝及春秋戰國時代，絕不比十二生肖要晚。所以，它們之間的淵源實在值得重視。

捉賊也看生肖

小說中的神探福爾摩斯有句名言：「生活就像一條環環相扣的鏈條，只知部份，就可推測出整體的情況。」(all life is a great chain, the nature of which is known whenever we are shown a link of it) 所以他經常憑着蛛絲馬跡就能推斷出案件的來龍去脈。

中國式的神探，除了靠縝密的推理和細緻的觀察，還可能會依靠術數的幫助，其中一個工具就是生肖。

生肖最早出現於中國時，就被用作為捉賊的重要線索。一九七五年在湖北省出土的《睡虎地秦簡》中，有部份是關於擇日的《日書》，裏面有一篇叫做《盜者》，就是探討如何根據案件發生當日的地支來推斷盜賊情況。

其方法是將日支和十二生肖連上關係，再將生肖和盜賊的外形特徵連上關係。於是，知道案件發生的日支，就可推斷出關於盜賊的訊息，從而協助捕盜。

如子日發生了案件，就可以推斷「盜者銳口稀鬚，善弄，手黑色，面有黑子」，即盜賊外形像老鼠，口尖鬍子稀少，而且行動迅速，手黑色，面部有黑痣。

如丑日發生了案件，就可以推斷「盜者大鼻、長頸、大臂」，即盜賊外形像牛，鼻子大，頸項長，手臂也粗壯。

如巳日發生了案件，就可以推斷「盜者長而黑、蛇目、黃色」，即盜賊外形像蛇，身形高瘦皮膚黑，眼睛也像蛇。

除了知道盜賊外形，日支生肖還可推斷出盜賊的行蹤。

如卯日發生案件，盜賊應是「旦閉夕啓北方」，即早上行蹤隱藏，晚上會在北方出現。

如午日發生案件，則盜賊應是「旦啓夕閉東方」，即晚上行蹤隱藏，早上會出現在東方。

更神奇的是，日支生肖還可推斷出盜賊的名字。

如子日發生的案件，盜賊的名字多數是「孔、午、郢」。

如未日發生的案例，盜賊的名字多數是「建、章、丑、吉」。

酉日發生的案例，盜賊名字多數是「酉、起、嬰」。

這套日支生肖捉賊的技術是否真正有用，暫且不論，但其推斷的邏輯則十分有趣，而且為生肖學說的研究提供了寶貴的資料，還是很值得重視的。

各派皆用生肖

基本上，傳統的術數，不論流派都極重視出生年命。古至七政四餘，近至紫微斗數，四柱中的古法派，乃至於傳統的風水擇日，皆須參看年命以定格局，斷吉凶。

所以，生肖的學問可以極簡，也可以極繁。簡單的版本，只需要用到自己派別的部份就足夠了。極繁的版本，就需要參看各主要術數派別的訣竅，才可得出詳細的結論。

例如，生肖涉及到紫微斗數的命主身主、也和演禽命理有關，也是紫白飛星的年命，也可用到叢辰家的許多神煞。若將這些不同的用法結合起來，相信內含的訊息量相當可觀，其複雜度和實用性是超出許多人的想像。

以命理為例，至民國時，民間不少命師為客人斷命，也是星命各起一個盤，共同參看。尤其是在斷流年的時候，亦會參看由年支生肖起排列出來的神煞。

我當年學四柱命理的時候，雖知古法重年支，但受到以日為主的概念影響，所以始終不太重視十二生肖的應用。其後經驗漸豐，才知道生肖亦不可偏廢。

當然，我不是鼓勵大家論命時，星盤又用、四柱盤又用，只是舉例以說明生肖並非一家獨有，實戰時須結合起來參看。

所以，莫以為生肖只可以玩玩下，難登大雅之堂。生肖的運用本身也藏有一些訣竅。

四柱如何用年支

四柱古法以年柱的干支作為論命重點，而非後來以日柱為主。其法以年干作為祿，年支作為命、年柱的納音五行作為身，再配合月日時和運限干支來論命。

年支稱得上是命，證明在古法中其重要性是不容忽視的。在這古法中起碼有兩個用途，第一個是用作訂定整體格局的某些特性。

例如年支子為墨池，子年出生的人，又在癸亥時出生，謂之水歸大海，又謂之雙魚遊墨，代表其人甚具文彩。

而蛇年出生的人，若生於早上七至九點的辰時，則為蛇化青龍格，又謂之千里龍駒格，主大貴。

另一個用途則與叢辰家的神煞系統有關，主要用於推算命格在某方面的特點，及用以推算流年吉凶。此時年支就稱為太歲，太歲作為皇帝必有文武百官，故後面必跟着一大堆吉凶的神煞，如白虎、病符、官符、龍德、喪門等等。

如子年出生，在二〇一四年午年時，由於午是子年的歲破，又稱為大耗，這也是俗稱犯太歲的一種形式，代表屬鼠的人會破財生病等等。時下推算生肖運程時，基本上就是採用叢辰家的這堆神煞，有一定的參考價值。

當然，要有更高的準確度，必須立體地運用多套系統結合推算，這個原則相信大部份本書的讀者都會明白。

陰陽生肖各不同

一般研究生肖都只是按順序論述而已，例如鼠如何、牛如何、虎如何。其實生肖可以有幾種不同的分類，它們可以呈現出不同的命運特徵。

最簡單的分類就是陰陽。陰陽的概念是以二元對立思維看萬物，所有事物都可以分為性質相反的兩樣事物或概念，它們之間的互動關係構成了萬物，故《易經》說：「一陰一陽之謂道」。

陽的本義為太陽、高明。陰的本義為山谷沒有陽光照射之地。後來經過高度的哲學化，才演化出大量的陰陽之象，成為包羅萬有的體系。

所以，陰陽是一切術數的基礎，不論相學、命理、風水、占卜，學習的人若不通曉陰陽的原理，可能會影響推算，或難以作出深刻而獨到的分析。

將生肖分為陰陽的方法很簡單，只需要根據十二地支的排序即可：

排序屬單數的為陽，即鼠、虎、龍、馬、猴、狗。

排序屬雙數的為陰，即牛、兔、蛇、羊、雞、豬。

屬陽支的生肖，其命運會有陽的特性，即人生變化和起伏較大，經驗比較精彩，而且不論吉事凶事，都會較多突如其來地發生，常會出人意料之外。

而屬陰支的生肖，其命運則會有陰的特性，即人生變化和起伏比較小，經驗較為平淡，而且不論吉事凶事，都較少會突如其來地發生。

另外，有三個生肖是特別值得一提。虎、牛、狗三大生肖可能比其他生肖較易遭受突如其來的打擊，而且以不吉之事比較多。例如突然生病，配偶突然出事，事業突然有問題等等。

當然，生肖只是諸多影響命運的元素之一，要真正確定命局吉凶，還需全盤而論，切勿只見樹木，不見森林。

三分生肖訊息多

生肖除了可以分為陰陽，還可以用生旺墓的方法去分類，這時又可以看得到更多的訊息。

生旺墓的分類法主要是顯示五行在地支的力量消長。

寅申巳亥四個地支是「生」，古時稱為四孟，五行之氣由這四個地支開始萌芽生長，就像人生中的青少年階段，代表活力、創新、積極、進取。

古書有云：「四孟名為四進之氣，前行可達」，就是這個意思。故生肖屬寅虎、申猴、巳蛇、亥豬的人，個性會較為開朗、活潑和積極，而且有好奇心，喜歡接觸新事物，開拓新局面。

子午卯酉四個地支是「旺」，古時稱為四仲，五行之氣到這四個地支時，就像人生中的壯年時期，能量達到頂峰狀態，故代表自信、強大、威嚴、攻擊。

古書有云：「有子午卯酉者，為其專位於四正，主有方面之權」，意思是：生肖屬子鼠、午馬、卯兔、酉雞的人，自信心會比較強，而且為人比較有主見，而且有強大的管理和開創能力，能夠獨當一面。

辰戌丑未四個地支是「墓」，古時稱為四季，五行之氣到這個地支時，已屬於低能量狀態，就好像人生中的晚年狀態，能量值極低，故代表守舊、穩定、低沉、冷漠。

古書稱辰戌丑未為「天涯地角」，「為四孤之氣」，故生肖屬辰龍、戌狗、丑牛和未羊的人，性格或處事作風會比較自我，保守，而且感情較冷淡，和身邊人的關係亦較為疏離。

由於四墓有收藏的意象，故除了會收藏自己的感情和生活之外，亦會比較喜歡收藏物品，例如集郵、玩古董等。

四墓又為華蓋星，代表藝術和神秘，故這四個生肖的人又會比較容易喜歡藝術文化，甚至宗教和神秘文化。

生旺墓只是一個大概的分類法，具體可根據五行再分為五套不同的生旺墓，下面的表就顯示了不同五行的生旺墓地支：

不同五行的生旺墓地支表

	生	旺	墓
水	申	子	辰
火、土	寅	午	戌
木	亥	卯	未
金	巳	酉	丑

四生

水長生：申

火土長生：寅

木長生：亥

金長生：巳

四旺

水旺：子

火土旺：午

木旺：卯

金旺：酉

四墓

水墓：辰

火土墓：戌

木墓：未

金墓：丑

讀者可以用邏輯推想得到，用生旺墓體系配上五行體系，其中的訊息定會更加細緻。

例如同屬於「生」的生肖，寅虎是火土的生，申猴是水的生，巳蛇是金的生，亥豬是木的生。五行的屬性都不同，這四個「生」也必然各有特性。具體可參看細論十二生肖的章節，這裏就不贅了。

斗數身主可論命

紫微斗數有身主的起例，但對其用法卻語焉不詳。其實身主是以年支生肖而定，亦可歸入為生肖系統，在紫微斗數方面如何運用就不在這裏討論了，但身主的理論在四柱論命時也可以加入作為參考。

根據身主的起例：

子年屬鼠，身主是火星。
丑年屬牛，身主是天相。
寅年屬虎，身主是天梁。
卯年屬兔，身主是天同。
辰年屬龍，身主是文昌。
巳年屬蛇，身主是天機。

午年屬馬，身主是鈴星。
未年屬羊，身主是天相。
申年屬猴，身主是天梁。
酉年屬雞，身主是天同。
戌年屬狗，身主是文昌。
亥年屬豬，身主是天機。

這裏面，除了子年和午年分屬火星和鈴星外，丑未年、寅申年、卯酉年、辰戌年和巳亥年都各屬同一組星，故所有身主的星星只有七顆。至於每顆星代表的意思，學過斗數的讀者自會清楚，我亦會在分論十二生肖時再細談，在此先不展開闡述。

但可以舉一個例子以説明：科幻小説作者倪匡生於一九三五年，屬豬，身主是天機星。天機可代表愛説話，思維天馬行空，想法多而常變化。這和倪匡的性格和行為特徵亦頗為相似。

或許有人會質疑，為何四柱的學問會混入斗數的東西。正如我上篇所說，星命卦合參曾是命理界的主流，而生肖作為各派共通的符號系統，自然涉及到其他學科。

所以，在生肖方面稍加入其他系統，對整合生肖學說很有幫助，亦能豐富整個四柱命學的內涵。如果任何時候都只准談四柱，排斥其他科，就未免太過門戶之見。

若真只限於純粹的四柱命理，那麼現在常用的桃花星、華蓋星和將星等本屬七政四餘系統的符號，亦須一併摒除了，相信大家都會覺得矯枉過正。

太歲與叢辰家

一說到犯太歲，許多人都會聞之而色變。太歲之名本身已給人凶神惡煞的印象，現在竟然招惹了太歲，理應沒有好日子過。

此所以坊間的運程書，甚至電視上的玄學節目，每逢新春都會鋪天蓋地、鉅細無遺地列出每個生肖所犯太歲，以及如何化解之類。

前面曾大概提到太歲的問題，此篇開始會再多談談相關的一些問題。

中國的太歲信仰來源甚古，其原意乃是出於對於木星的崇拜。從地球的角度看，木星繞地球一周，大概需時十一年多一點。中國人最早是用木星來記錄年份，大概十二年一個循環，所以木星又稱為歲星，代表皇帝，有至高無上的權威。故此，古時相信，不能興兵討伐歲星所在之地，以免招致禍殃。

由於木星繞地球運行的時間並不規律，時間長了運用起來就不夠方便，於是就發明了太歲的概念，每年屬於一個地支，十二年剛好走完十二個地支，永無出錯。

根據這個法則，巳年巳永遠是太歲，申年申永遠是太歲，方便易記，於是漸漸取代原來的歲星紀年法而流行起來了。雖然太歲是虛構的概念，而且運行軌跡和速度都和歲星有所不同，但其權威的意義仍在，若有所沖犯則主有災。

太歲既然是皇帝，就必定有一大堆文武百官前呼後擁。所以，就發展出以太歲為中心的一大堆吉凶神煞了，專門運用這堆神煞去推算吉凶的派別，就稱為叢辰家。叢辰就是一堆星辰的意思。

我們今日常用的許多神煞例如桃花、華蓋、天喜、龍德、白虎、吊客、喪門、官符、病符等星就是依太歲的位置而推演出來。如若寅年是太歲，桃花就是卯、華蓋就是戌、喪門就是辰。

於是寅年出生的人，逢卯年就是桃花年，此年人緣或異性緣可能都會較為旺盛。逢戌年就是華蓋年，華蓋星主孤獨，亦主技藝文化，故此年可能人際關係、或和家人的關係較為淡薄，但自己則可能會較專注於研究某些學問或技術。

而逢辰年就是喪門年，代表此年可能會較多出入醫院或殯儀館，亦可代表自己身體不太好，多生疾病。

我有一個屬鼠的朋友，隻身遠赴外國修讀碩士的年份正是辰年，亦即是他的華蓋年。而十二年後的辰年，又是華蓋年，他就開始迷上了氣功。隻身外遊、讀書，氣功這些都和華蓋所代表的孤獨、技藝和學問相符合。

所以，若通曉了這些星的吉凶含意，以及其運作規律，其實一般人都可以略知自己的流年運程了。

民間的犯太歲

自從太歲的權威建立之後，沖犯太歲而有災害的信仰亦隨之而更加流行於民間。

對民間來說，太歲是流動性，即每年都不同，十二年一個循環，也就是說共有十二個太歲。

何謂沖犯呢？主要就是指出生地支和流年的地支屬於沖、刑、害的關係。

六沖關係

地支	六沖
子	午
丑	未
寅	申
卯	酉
辰	戌
巳	亥

如馬年出生，遇到鼠年太歲，就是子午沖的關係。虎年出生，遇到猴年太歲，就是寅申沖的關係。

三刑關係

子卯刑；寅巳申刑；戌丑未刑；辰午酉亥自刑。

如鼠年出生，遇到兔年太歲，就是子卯刑的關係。狗年和羊年出生，遇到牛年太歲，就是戌丑未三刑的關係。

六害關係

地支	子	丑	寅	卯	申	酉
六害	未	午	巳	辰	亥	戌

如牛年出生，遇到馬年太歲，就是丑午害的關係。如兔年出生，遇到龍年太歲，就是卯辰害的關係。

以二〇一六丙申年為例，太歲是申，於是生肖相沖的寅虎、三刑和六害的巳蛇都是犯太歲了。

還有一種模式叫做值太歲，即重遇出生年的生肖與流年的生肖一樣。例如寅年出生的虎，再遇到寅年就是值太歲了。

傳統犯太歲的處理辦法亦有兩個，首先就是要盡量避開太歲的方位，例如二〇一六年太歲是申，申的方位是西南，此年不論動土或遠行都要避免這個方位。這裏說的是空間的犯太歲。

至於時間上的犯太歲，即剛才所說生肖地支沖刑害的關係，一般坊間的化解方法就是佩戴六合的生肖飾物，又或者簡單一點直接去廟宇攝太歲了。

以上這些都是民間的太歲理論，相信各位都比較熟悉，但和四柱命理的太歲理論則有頗為關鍵的差異。

犯太歲可吉可凶

四柱命理也有太歲的說法，主要是在論及流年吉凶時會用得較多。

四柱命理的太歲分為兩種，第一種是當生太歲，即是出生年的年支。例如生肖屬午馬，午馬就是當生太歲，生肖屬丑牛，丑牛就是當生太歲。

還有一種叫做流年太歲，例如一九九七年地支屬丑牛，丑牛就是流年太歲，二〇一六年地支屬申猴，申猴就是流年太歲。

所以，對於每個人來說，當生太歲只有一個，而流年太歲則每年都有。故此，所謂犯太歲亦可分為兩種，一種是犯當生太歲，另一種是犯流年太歲。

那麼，犯哪一個太歲比較嚴重呢？論程度輕重無太大分別，但意義則各有不同。

當生太歲是年支，在四柱中位於父母的宮位，若被沖犯則主父母可能會有變動。但有時也代表自己的狀況有變化。

流年太歲的吉凶則視乎被什麼所沖犯而定，若被月支沖犯則代表工作事業、或兄弟朋友有變動。若被日支沖犯則代表感情或婚姻生活有變動。若被時支沖犯則代表子女下屬有變動。所以，犯流年太歲涉及的範疇會比較多。

之所以說變動，是因為命理上的犯太歲屬於中性的詞語，只主變化而已，具體吉凶要視其他組合而定。若組合吉，則犯太歲亦吉；組合凶，則犯太歲屬凶。不像傳統民間的犯太歲般，逢犯必凶。

這一點可說是命理太歲和民俗太歲的最大不同之處。

本命年的吉凶意象

這裏可以本命年作為例子，以詮釋可吉可凶的說法。

正如前幾篇所說，太歲就是指和出生年一樣的生肖年，例如生肖屬馬，馬年就是太歲年，生肖屬牛，牛年就是太歲年，很簡單，所以太歲年亦叫做本命年。

因為太歲和自己的出生年重疊，命理的術語是伏吟，有重疊、累積、擴大、分裂、突變等含意。究竟是吉是凶則還要參看其他的因素，但共同點是必定有所轉變，而且帶有點出人意表的性質，以及是舊事引申過來的性質。

若八字組合吉利，則此年會有升職、結婚、生兒育女、開分公司等好運。若八字組合不利，則此年會有身體組織增生如骨刺、腫瘤等，以及舊病復發、辭職、離婚或家宅不寧等問題。

所謂「太歲當頭坐，無福恐有禍」，其中暗藏的意思就是本命年乃可吉可凶，並非一面倒都是凶兆。

以前政務司司長唐英年為例，他生於一九五二年壬辰年，生肖屬龍，二〇一二年亦是壬辰年，是他的本命年，此年他參與香港行政長官選舉，其間鬧出僭建風波惹來官非，又傳出婚外情的醜聞，令到聲譽受損。而且最終大熱倒灶輸給事前不被看好的梁振英。故他的本命年絕非吉利。

但若以香港特區第一任首長董建華為例，他生於一九三七年丁丑年，生肖屬牛，而九七年上任時剛好是丁丑年，即是本命年的牛年，當年他就榮登特首寶座。

姑勿論其工作表現，及之後的際遇如何，能當上此職確是他人生的一個高峰。

若以我本人為例，遠的不說，最近一次的本命年，對我來說也是吉運，該年也有突如其來的機遇，過得甚舒暢，無任何不快的事情。

所以，以後大家遇到本命年，不要先入為主，自己嚇自己，以為會一年不順，忐忑不安，甚至走去攝太歲。很有可能白白浪費了一年的好光陰呢！

此篇以太歲本命年為例，向各位展示叢辰家推算流年運程的實用訣竅，其他神煞也可舉一反三，將來有機會再與各位分享了。

年支雖然重要，但四柱總共有八個字，再加大運和流年，總共十二個字，一個年支只佔十二分之一，影響力仍是有限的。斷命始終要看整體命局的配搭，不能執一而斷，以偏概全。

風水亦須看生肖

坊間許多人看風水，最喜歡高深玄妙的學說，藉此標榜自己有術數學養。他們對用生肖看風水可謂不屑一顧，以為只是不入流的民間風水術。

但我看風水是必看生肖的，生肖屬無形之氣，根本已是理氣法的一種，何必要玄空八宅才叫理氣呢？

多年的實踐經驗告訴我，屋宅不利宅主生肖者，不論形勢多麼好，亦必有缺陷，嚴重者甚至會轉吉為凶。本來風水不太好者，更會凶上加凶。

幾年前有一對住在元朗的夫婦找我看風水，此宅的佈局本來尚算可以，問題不大。但事實上宅主的境況卻不太好，所以才找到我。我細查之下，發現兩夫婦生肖均屬猴，猴對應西南方，而此屋的西南方正是廚房。

風水學上，廚房火氣甚大，佈局上要很小心處理。偏偏此屋的廚房壓在屋主的生肖上，於是就出問題了。兩人入住後脾氣轉差，經常吵架，而且身體健康亦欠佳，經常有「熱氣」及發炎症狀，亦間接影響了工作表現。

兩夫婦聽到我的解釋後，表示萬萬想不到，原來問題出在廚房和自己的生肖上。不過，現在知道原因亦不遲，我教了他們一些處理的辦法，把火氣化解一部份，情況就會慢慢有好轉了。

所以，生肖的因素十分重要，我在這裏算是透露了一點秘訣，各位看風水時千萬不要忽略。

生肖合婚不需忌諱

說完風水，要說一下合婚。婚姻是人生大事，許多人更把婚姻視作第二次出生，可謂茲事體大。但一對男女怎樣才算合配呢？從術數上如何作出判斷呢？各派都有自己的操作方法。

民間一向喜歡簡單，流行直接用生肖合婚，最常見的就是要夫妻生肖屬六合和三合的關係。

地支六合關係

子丑合，屬鼠與屬牛的人適宜配婚。
寅亥合，屬虎與屬豬的人適宜配婚。
卯戌合，屬兔與屬狗的人適宜配婚。

辰酉合，屬龍與屬雞的人適宜配婚。
巳申合，屬蛇與屬猴的人適宜配婚。
午未合，屬馬與屬羊的人適宜配婚。

地支三合關係

申子辰合，屬猴、鼠、龍的人適宜配婚。
亥卯未合，屬豬、兔、羊的人適宜配婚。
寅午戌合，屬虎、馬、狗的人適宜配婚。
巳酉丑合，屬蛇、雞、牛的人適宜配婚。

除了適合配婚的組合，民間亦有不適合配婚的生肖組合，最常見的主要是避開夫妻生肖屬六害和六沖的關係，以免雙方的氣場互相不協調而產生種種刑剋之事。

例如有句口訣叫：「自古白馬怕青牛、羊鼠相交一但休、蛇虎婚配如刀錯、兔見龍王淚交流、金雞玉犬難躲避、豬與猿猴不到頭」，說的即是地支六害。

地支六害關係

午丑害，屬馬和屬牛不宜配婚。

子未害，屬鼠和屬羊不宜配婚。

巳寅害，屬蛇和屬虎不宜配婚。

卯辰害，屬兔和屬龍不宜配婚。

酉戌害，屬雞和屬狗不宜配婚。

亥申害，屬豬和屬猴不宜配婚。

地支六沖關係

子午沖，屬鼠和屬馬不宜配婚。

丑未沖，屬牛和屬羊不宜配婚。

寅申沖，屬虎和屬猴不宜配婚。

卯酉沖，屬兔和屬雞不宜配婚。

辰戌沖，屬龍和屬狗不宜配婚。

巳亥沖，屬蛇和屬豬不宜配婚。

這些生肖配婚法當然有它的所謂應驗例子，例如萬梓良屬雞，恬妞屬狗，生肖是相害的關係，二人離婚。

但不準的例子也極多，我手上有一些例子，夫妻生肖屬六合關係，但仍然聚少離多，或甚至中途分飛。

另外，李連杰屬兔，前妻黃秋燕和現任妻子利智都屬牛，雖無沖害合的關係，但一個離婚，另一個卻感情深厚，對此現象，生肖配婚又如何解釋呢？所以，單純用生肖關係配婚很不可靠。

有些生肖配婚法是以兆頭和成語諧音來配對，更是可笑之極。例如：

屬蛇和屬鼠不宜配婚，因為蛇鼠一窩。

屬狗和屬狗不宜配婚，因為狗咬狗骨。

屬雞和屬狗不宜配婚，因為雞犬不寧。

屬羊和屬虎不宜配婚，因為送羊入虎口。

屬龍和屬馬適宜配婚，因為龍馬精神。

屬虎和屬虎適宜配婚，因為虎虎生威。

此法之無聊實在不用舉例去證明其偽了。

所以，凡是以出生年命生肖來合婚的簡易法則，其可靠性並不高。

合婚需看全局

術數論合婚的技術，有比較明確記載的，據說由唐朝開始。有一位才子高官叫呂才，受唐太宗的指示造一套合婚技術出來。此法用男女的出生年命互相配對，後世很多人都採用，具體做法記載在風水書《八宅名鏡》內。

但諷刺的是，這套合婚技術據說是呂才受命偽造出來，希望外國人學到之後胡亂使用而導致滅族，原意絕非為了造福萬民。

姑勿論這個充滿黑色幽默的傳說是否屬實，但僅以年命就能決定一對男女是否合襯，是十分武斷和片面。明代的命理大師張神峰早有批評：「安可只以男女二年命、捨去月與日時，而能論人婚配者乎？」

其實四柱有自己合婚的一套理論，但以前只散見於古籍中。例如有種四柱組合叫「鳳凰池」，即年柱和日柱是同一對干支，這種命格本不利婚姻，但只要配同年出生的配偶就可以化解。

不過，真正的合婚方法，是經過好多人的整理和實踐才形成今日的體系。其做法是需要將男女雙方的命格整個放在一起評比，要從五行、宮位、十神格局等角度去整體論斷，絕不是簡單地看個生肖就行。

因此，以後再聽到什麼生肖合婚法，掩耳而去可也。

生肖與飲食改運

飲食乃人之大欲，但在術數家眼中，飲食亦可有改運的功效。

從八字看飲食宜忌有不同方法，生肖算是其中比較簡易的體系，有一定的參考價值。

其具體運用方法需結合叢辰家由年支而排列出來的神煞系統，再將其結合飲食的五行術數系統。如子年出生屬鼠，午為歲破代表破財和障礙。屬於午的食物有鹿茸、鹿腳筋、馬蹄等，故屬鼠者就要盡量少食此類食物，以免激起歲破的負面力量。

歲破只是其中一個神煞，其他神煞亦可一例而推。

以孫中山為例，他生於一八六六年寅年，生肖屬虎，根據神煞起例，午支屬於將星，代表權威和管治能力。若將星被子支所破，則權力會受損，聲望亦會受到破壞。

這時在飲食改運系統方面，就要留意屬於子支的食物了，若進食太多就會破壞將星的力量。

他在《建國方略》中提到自己最愛素食，而且特別喜歡豆製品如豆腐等。而豆製品在十二地支中正好屬於子，子剛好沖破了將星。

巧合的是，孫中山是中年開始愛上素食的，也就是說，中年開始他的將星持續受到沖擊和挑戰，管治權威受損，這從他一生的革命歷程來看亦可謂有所暗合。

當然，必須提醒讀者，單純用年支論命並非很精準的做法，神煞論命只是擔任輔助的角色。故第三章的十二生肖改運法只能作為參考，具體應用時應結合全命局及實際的營養宜忌而定。

若盲目地按圖索驥，則又易變成迷信矣。

文字改運可參考

文字是人類溝通和思考的媒介，也是文化傳承的載體。沒有了文字，很難想像現今的中華文化會是何等模樣。

中文字最早是象形文字，據説倉頡「見鳥獸蹄迒之跡，知分理之可相別異也，初造書契，百工以文，萬品以察。」也就是説，獵人見到不同的腳印就知道是什麼動物。倉頡受到啓發，就想會不會文字也可以根據這個原理來造出來呢？就按照同一個原理開始造字了。

所以古人認為倉頡造字是很了不起的一件事，是人類文明進步的分界線，重要性可以和亞當夏娃偷吃蘋果相提並論。所以他們認為天和鬼神也因為人類有了文字而大吃一驚，於是「天雨粟、鬼神哭」，可見文字從一開始就帶有點神秘的氣息。

中國術數對文字的運用十分廣泛，在生肖體系中，也有一定程度的運用。

乾隆時期有一位很有名的占字先生叫范時行，某次有人寫一個「義」字問終身，范時行問他生肖，得知是屬羊後就很惋惜，他解釋說「義」字拆開是「羊」和「我」，意思即是終身孤單，並無妻子。這裏就是配合了生肖去測字。

在我的經驗中，的確有些字有利於部份生肖，有些字亦不利於部份生肖。若想起到趨吉避凶的作用，有時是要考慮一下這方面的禁忌。

舉個例子，香港前政務司司長唐英年一九五二年出生，生肖屬龍，參選二〇一二年行政長官選舉時，與另一名候選人，即現任行政長官梁振英成為對手。「振」字屬龍，與唐英年的生肖自刑，已有不吉之象。

而振字對於屬龍的人來說亦是華蓋星，凶時可代表官非口舌。故此年唐英年不但輸了選舉，更因住宅僭建而惹上官非，實在是他的多事之秋。

當然，我要重申，唐在二〇一二年的運程是由多方面因素決定，需從整體命格去判斷，並非單純因為一個「振」字就出現許多問題。所以，第三章的文字改運法亦只是輔助工具而已，讀者莫抱以必定如此的觀點才是。

生肖斷命需知

生肖斷命由來已久，顧名思義就是用四柱八個干支的其中一個年支來論命，只佔總數的八分之一，局限性是相當大的，即使加入月份和出生時辰作為配合，仍不足以決定大局。

早在明代時，命理大師張神峰已經批評：「以人之生年，十二支生肖所屬，論人吉凶，夫何謬也？」所以，四柱論命大法仍需採用子平。

此所以我在《十神啓示錄》中，以日柱為主推演一柱論命法，亦強調此法不能取代整體的四柱命法。用生肖推命亦應作如是觀。

但生肖雖不能決定整個命格的高低大局，卻能夠斷出某些命運的特質，所以仍有其可取之處。

例如某些生肖會比較有錢，但若原命局極差，淪為流浪漢，則生肖亦不能左右大局。只是，奇妙之處在於，即使是流浪漢，這些生肖都能比其他人享用更豐盛的物質。

又例如某些生肖主有文學修養，但原命局顯示其人只是中學未畢業，而且經常打架、粗口橫飛。這時，奇妙的情況又出現了，因為這些生肖的人總能顯示出比其圈子裏高一級的文學修養。

我就認識一位四十歲左右的鋼鐵技工，他自少習武，打架乃平常事，而且由於體型較壯健，所以罕逢敵手。但他平時最大的嗜好之一，竟是看文藝電影、讀莎士比亞的詩歌，以及西洋文學作品。他的生肖正正是帶有文學藝術的修養。

又例如某些生肖與武有緣，即使其人任文職，外表斯文，都會醉心武術，又或者家中會有練功夫的親人。此亦生肖之一驗。故切勿因生肖論命四個字而嗤之以鼻。

不過，讀者在細心驗證之餘，亦需結合其他命法一同運用為要，莫以為生肖論命技法就等於全部技法。

在第三章，我會結合四柱干支、紫微斗數身主、及干支納卦三者來論斷生肖的命理特性。當然裏面亦有不少是我本人的獨到經驗，供各位參考。

六十生肖訣竅多

坊間講生肖運程通常只涉及十二個，一來大家容易明白，二來命理師傅也容易準備資料。

不過，若想論述得細緻一點，其實要涉及到六十個生肖。這個分類法其實是將六十甲子都配上生肖而已，甲子有六十個，生肖當然亦有六十個才對。

而所謂六十生肖，也就是把十二生肖再細分為六十種，即老鼠可分為屋上之鼠、田內之鼠、倉內之鼠、樑上之鼠和山上之鼠五種，牠們的個性、運勢及流年吉凶都有所不同。

舉個具體一點的例子，屬虎的人個性一般比較強悍，而且進取。若根據六十生肖算命法，一九五〇年庚寅年出生的人，稱為出山之虎，民間則稱為下山虎。他們會更加心直口快，難收藏秘密。而且有個特點，會比較害怕某些小動物如狗隻。

我就認識一位下山虎的女士，她個性堅忍，是遇強愈強的人，但偏偏十分害怕狗，遠遠見到狗就會退避三舍，十分有趣。

俗語有云：「虎落平陽被犬欺」，確實有點命理上的根據。

而在流年運程方面，一九五〇年出生的下山虎，六歲時要留意有一個小兒關劫，十二歲時可能有出名的機會，三十六歲時可能會有特殊的發展機遇。這些斷語都是十二生肖所不具備的。

所以，將來有機會我會一併將六十生肖的斷命訣竅向讀者介紹。

第四章

十二生肖運程分論

聰明樂觀的鼠

子年出生者屬鼠，五行屬水，代表聰明和善於應變，即使身處複雜的環境亦能從容面對。而且為人帶有點奔放和樂觀的氣質，給人自信的感覺。

子支的藏干不多，只有一個癸干，所以屬鼠的人個性較為簡單，思想不會太複雜。但癸干其實帶有點神秘氣質，直覺較強，容易被冷門和負面的事物所吸引。這和子支的外向積極恰恰相反，故帶有點雙重性格，體現出子支「體陽而用陰的特性」。詳細可參看《十神啓示錄》的癸水篇。

子為水的旺支，故為人較執著，有時會因過份自我而得罪他人，招致仇怨。此外，亦可能會因為從事過於冒險的工作或活動而受傷。

古人說「子為端門」，端門是明清紫禁城的正門之一，地位崇高。故屬鼠的人帶有領導風範，能開創局面，適合從事創新和開拓型的工作，也適合流動性質的工作及行業如運輸物流等。

子年出生的身主是火星，代表會帶點急躁的個性，做事不喜拖泥帶水。而且，人生命運會出現突如其來的機遇或挑戰。但與此同時，亦會容易受到意料之外的阻礙和打擊。

子的後天八卦是坎卦，代表其人好動不好靜，容易知進而不知退，經常碰到過猶不及的問題。所以有時適當地停下來，好好總結經驗，休息一下再向前行，會更加有利。

坎卦為陷阱，也有陰暗之意，所以鼠人有時會傾向暗地行事，有問題也喜歡私下解決，不喜過份高調和張揚。而且，由於卦為陷阱之故，若八字組合不佳，也會容易被人背後計算，令他們防不勝防。

而且，屬鼠人的童年生活可能並不如意，要不是缺乏父母之愛，就是父母感情冷淡，令到家庭缺乏溫暖。

屬鼠的名人有木村拓哉、張惠妹。

飲食改運建議

要加強六合吉星的力量，就要多食牛肉、牛油果、牛肝菌和蟹等，以催旺貴氣和人緣，令事業、生活都更加順利。

要加強金匱財星和將星的力量，就要多食豆腐、豆漿、雞蛋、魚子、餃子、果仁等食物，以增加財運，以及提高在職場的工作權威和管理能力。

亦可多食羊肉和菠菜，以提高貴人的助力。

未婚者亦可以多食兔肉、竹筍、竹笙、蝦、雞肉、田雞肉、鵪鶉、白鴿及西蘭花等食物，以催旺桃花運，盡快找到合意的伴侶。

但要盡量少食阿膠、馬鈴薯、馬友魚、猴頭菇和奇異果等食物，以免激起白虎和大耗等凶星，避免出現血光和破財等情況。

另外，亦要盡量少食魚、龍井茶、龍蝦、龍眼、火龍果等食物，以免加強了華蓋的孤僻之氣，不利於人緣和感情。

文字改運建議

要加強六合吉星的力量，就要多用紐、遲、牟、牧等字，以催旺貴氣和人緣。例如和姓牟的人多交往，多去美國紐約遊玩等。

要加強金匱財星和將星的力量，就要多用孟、孩等字，以增加財運，以及提高在職場的工作權威和管理能力。

未婚者亦可以多用柳、酒、尊字等，以催旺桃花運，盡快找到合意的伴侶。

但要盡量少用午、侯、猴、伸、紳等字，以免激起白虎和大耗等凶星，避免出現血光和破財等情況。

另外，亦要盡量少用晨、震、龐、龔、振、濃等字，以免加強了華蓋的孤僻之氣，不利於人緣和感情。

特別的出生月份和時辰

- 若生於大雪後一個月，鼠人的特性會更加明顯，例如更加聰明和執著，但有過度之嫌，反而影響了他們的發展。每逢馬年都容易有變動，包括去遠行、換工作等，但亦要提防有血光意外。
- 若生於芒種後的一個月，和家人的緣份則會更加淡薄，甚至會有離開出生地向外發展的情況。而且，鼠人可能會變得更加偏激和急躁，以致許多時反而欲速則不達，令到人生出現更多障礙。

- 若生於大寒後的一個月，則個性在保留了樂觀進取之餘，亦增加了同理心，與人交往時更加如魚得水，人緣加分。和家人的緣份亦會變得深厚，少年時的運程會比較順利，此時的姻緣運亦會較為美滿，波折較少。
- 若是癸亥時出生，古書謂之水歸大海，或者雙魚遊墨，表示其人有文學修養。不論教育程度高低，皆有着喜歡舞文弄墨的特點。

穩重堅忍的牛

丑年出生者屬牛，五行屬土，有着土的穩重和平和，而且有堅忍的個性，就算身處危機和低潮，都會盡力忍受。

但屬牛的人也會有過份固執的問題，有時即使明知此路不通，仍會繼續走下去。

丑又為武庫，是金的庫藏，代表其人帶有許多金的特質，如個性較為剛毅和倔強。這個金的特質和土的特質結合起來，顯示肖牛者是可以開創事業的人，而且可能會從事與金屬相關的行業，如金融、金屬飾物等。

若運途順利，有可能取得最後勝利。但若八字組合不吉，則可能由於過份倔強和執著，反而導致焦頭爛額。

生肖屬土的人多少帶點孤僻氣質，古人説丑為鬼門，故謂之鬼孤，其實亦無特別含意，知道代表孤僻就可以，不要聽到有鬼字就想多了。

丑支有己、癸和辛三個藏干，己土帶有包容的個性，既堅持己見，亦會聽取別人的觀點，不至於太過剛愎自用。

癸干則帶有神秘性和孤獨的氣質，而辛干則有點口才和理性，所以屬牛的人並不會像牛般木納，會時不時講些冷笑話，令氣氛活躍起來。

詳細可參看《十神啓示錄》有關己、癸和辛的篇章。

丑年出生的身主是天相，天相這顆星有雙重的意味。也就是説，他們有可能會經常從事兩種工作，推行兩個項目，打工的可能經常都會同時有兩個上級。

丑的後天八卦為艮卦，代表其人有着艮卦的正義和道德。所以許多屬牛的人都有點謙謙君子的氣質。但若八字組合不佳，則他們只是可能在其界別中較有道德而已。

有一點較為有趣，丑土和艮卦都屬土，所以他們的工作也和土地房產有點關係。

屬牛的名人有董建華、劉德華。

飲食改運建議

要加強六合吉星的力量，就要多食果仁、豆漿、雞蛋、魚子、餃子、燕窩、燕麥片等，以催旺貴氣和人緣，令事業、生活都更加順利。

要加強金匱財星和將星的力量，就要多食雞肉、田雞肉、鵪鶉、白鴿、西瓜、和西蘭花等食物，以增加財運，以及提高在職場的工作權威和管理能力。

亦可多食猴頭菇、奇異果等食物，以提高貴人的助力。

未婚者亦可以多食五指毛桃、木瓜、阿膠、馬鈴薯等食物，以催旺桃花運，盡快找到合意的伴侶。

但要盡量少食羊肉、菠菜等食物，以免激起大耗凶星，避免出現血光和破財等情況。

另外，亦要盡量少食牛肉、牛油、牛蒡、牛油果、蟹等食物，以免加強了華蓋的孤僻之氣，不利於人緣和感情。

文字改運建議

要加強六合吉星的力量，就要多用承、孔、學、醇、孚、孝等字，以催旺貴氣和人緣。

要加強金匱財星和將星的力量，就要多用鳳、鳴、醒、雄、雅等字，以增加財運，以及提高在職場的工作權威和管理能力。

未婚者亦可以多用虎、虔、演、許、馮、駒、騏等字，以催旺桃花運，盡快找到合意的伴侶。

但要盡量少用幸、妹、美、洋、善等字，以免激起大耗凶星，避免出現破財等情況。

另外，亦要盡量少用生、朱、物、甥、隆、牧等字，以免加強了華蓋的孤僻之氣，不利於人緣和感情。

特別的出生月份和時辰

- 若生於小寒後一個月，則屬牛的特質會更加明顯，人會變得更倔強和頑固，本來少許的口才也變成帶刺的話語，影響了和家人朋友的關係，也影響了自己的發展。

  健康方面亦要注意可能較易患上腫瘤和瘡疥之疾。

  每逢羊年亦可能會出現不吉的現象，例如生病、血光、離職、破財或家人有變故等。

- 若生於小暑後一個月，則個性會更加孤僻，更難聽取別人的意見。而且和家人及朋友的關係亦會受到影響，以致早年的事業只能單打獨鬥，阻礙重重。

健康方面亦要注意可能較易患上腫瘤和瘡疥之疾。亦會較容易有血光之災，出外亦要小心交通安全。

而每逢羊年和牛年亦可能會出現不吉的現象，例如生病、血光、離職、破財或家人有變故等。

● 若生於大雪後一個月，則會增加了他們的親和力，人緣運可得以改善。同時，個性亦會變得較為隨和，輕鬆幽默。早年的運程也會較為順利，此時的姻緣運亦會較為美滿，波折較少。

健康方面，也會容易有腫瘤、瘡疥的問題，女性則易有婦科的困擾。

● 屬牛者若生於己未時，謂之月照柳梢，代表有貴氣。不論出身或教育程度如何，舉手投足都會帶點與別不同的氣質。

仁愛剛毅的虎

寅年出生的人屬虎，五行屬木，有着仁愛心和同情心，樂於助人，喜愛大自然。

寅支也有甲、丙、戊三個藏干，故同時擁有甲木堅毅不屈、丙火熱情外向、以及戊土固執穩重的特性。詳細可參看《十神啓示錄》的相關篇章。

寅支是體陽而用陽，裏裏外外都帶點強硬的氣質，的確帶有點老虎的霸氣。所以屬虎比較適合男性，女性的話就會偏向陽剛，反而缺乏女性的柔媚，外表也有可能帶點女生男相的特徵，會影響姻緣。

寅支屬於四長生之一，是帶有生發和活潑積極的氣息，所以不論做任何事，都會投入熱情，而且頗為堅持，不會三分鐘熱度。若八字組合良好，可以成就一番事業。

寅年出生的身主是天梁，有孤僻和清高的特質，本身不是屬於容易合群的人。但和虎的木性結合一齊，所以程度會減輕。反而天梁的刑法和醫藥等特性更能顯露出來，故工作方面可選擇與此相關的行業，較容易有成就。

寅的後天八卦也是艮卦，代表其中有點君子氣質，有一定的道德操守和底線，有所為有所不為，不會輕易為了私欲而不擇手段。

另外，屬虎的人有個特點，是父祖輩有人容易有嚴重的長期病，動過大手術，甚至有傷殘及行動不便的情況。

屬虎的名人有周星馳。

飲食改運建議

要加強六合吉星的力量，就要多食豬肉、蠔豉等食物，以催旺貴氣和人緣，令事業、生活都更加順利。

要加強金匱財星和將星的力量，就要多食馬蹄、南瓜等食物，以增加財運，以及提高在職場的工作權威和管理能力。

亦可多食西蘭花、西洋菜等食物，以提高貴人的助力。

未婚者亦可以多食五指毛桃、木瓜、水魚、牛肝菌等食物，以催旺桃花運，盡快找到合意的伴侶。

但要盡量少食蓮藕、車厘子、杞子、首烏等食物，以免激起白虎和大耗凶星，避免出現血光和破財等情況。

另外，亦要盡量少食韭菜、枸杞子、枸杞菜、首烏、九層塔等食物，以免加強了華蓋的孤僻之氣，不利於人緣和感情。

文字改運建議

要加強六合吉星的力量，就要多用孩、家、豪、象等字，以催旺貴氣和人緣。要加強金匱財星和將星的力量，就要多用馳、騁、駿、騰等字，以增加財運，以及提高在職場的工作權威和管理能力。

未婚者亦可以多用生、朱、物、甥、柳、迎、仰、晚等字，以催旺桃花運，盡快找到合意的伴侶。

但要盡量少用坤、伸、珅、紳、成、盛、獻、猛等字，以免激起白虎和大耗等凶星，避免出現血光和破財等情況。

另外，亦要盡量少用虎、虔、演、虞、處、豹、彪等字，以免加強了華蓋的孤僻之氣，不利於人緣和感情。

特別的出生月份和時辰

- 若生於立春後一個月，則其孤僻和剛強的特質會更加明顯，更容易和別人發生衝突，和家人朋友更加不和諧。每逢猴年，會容易出現遠行、搬屋、換工作等情況，也要注意可能有血光之災，以及父母容易有變故。
- 若生於立秋後一個月，其不良的個性反而會稍為改善，但會容易離開家鄉往外邊發展。而且，其工作性質會需要走來走去，難以安守一地。這情況尤以年輕時期更為明顯。

每逢猴年，亦會容易出現遠行、搬屋、換工作等情況，也要注意可能有血光之災，以及父母容易有變故。

- 若生於立冬後一個月，則其個性會變得更加好，例如會更加和善和親切，不會輕易和別人衝突，有合作精神。而且，會更加喜愛學習，帶有點書卷氣。而年青時的運程也會比較順利，此時的姻緣運亦會較為美滿，波折較少。
- 若生於戊辰時，謂之虎嘯風生，主有威權，而且能揚威外地。

溫純直爽的兔

卯年出生的人屬兔，五行也是屬木，但屬於陰木，故與屬虎的人一樣有仁愛心和同理心，樂於助人。但不同的是，屬兔者的個性較為溫純柔和，的確有點兔子的親切感。

卯屬於旺支，所以也有點執著，而且個性亦較為外向和進取，只是沒有太大的攻擊性，令人比較容易接受。

卯支內藏一個乙木，所以性質較簡單，裏裏外外都是一個溫和柔順的人，喜歡和身邊人建立關係，所以一般來說，屬兔的人都有頗佳的人緣。詳細可參看《十神啓示錄》的乙木篇。

卯年出生的身主是天同，有純真、情緒化和享樂的特點。除非八字組合有完全相反的結構，否則屬兔的人總帶點小童般的天真信念，以及愛好。而且內心深處會喜歡簡單和直接的生活，以及簡單直接的人和事。

故此，他們會適合從事與年輕人相關的工作，例如教育、童裝、玩具等，會較易有成就。

卯支屬於震卦，震有武夫和急躁之象，所以屬兔的人會比較心直口快，而且較喜歡武術或運動，有些人會把他們的急躁個性發揮在業餘愛好之上，這會有助化解不吉的情況。

震卦亦有驛馬之象，而大六壬中卯亦為舟船，故他們亦會喜歡到處遊歷，不愛株守一地。在事業運上就會容易轉工，或工作性質需要到處遊走，不能呆坐辦公室內。

屬兔的名人有李連杰和甄子丹。

飲食改運建議

要加強六合吉星的力量，就要多食韮菜、枸杞子、首烏等食物，以催旺貴氣和人緣，令事業、生活都更加順利。

要加強金匱財星和將星的力量，就要多食兔肉、竹筍、竹笙、佛手瓜等食物，以增加財運，以及提高在職場的工作權威和管理能力。

亦可多食首烏、九層塔等食物，以提高貴人的助力。

未婚者亦可以多食冬瓜、椰菜、椰子等食物，及多喝點普洱茶以催旺桃花運，盡快找到合意的伴侶。

但要盡量少食鷓鴣、菠蘿、魚、核桃等食物，以免激起白虎和大耗凶星，避免出現血光和破財等情況。

另外，亦要盡量少食羊肉、洋葱、薑等食物，以免加強了華蓋的孤僻之氣，不利於人緣和感情。

文字改運建議

要加強六合吉星的力量，就要多用狩、狄、伏、嶽等字，以催旺貴氣和人緣。

要加強金匱財星和將星的力量，就要多用晚、冕、逸、勉等字，以增加財運，以及提高在職場的工作權威和管理能力。

未婚者亦可以多用醇、孚、孝、孟、好等字，以催旺桃花運，盡快找到合意的伴侶。

但要盡量少用雅、鴻、翠、鵬、孩、家、豪、象等字，以免激起白虎和大耗等凶星，避免出現血光和破財等情況。

另外，亦要盡量少用幸、妹、美、洋、善、業等字，以免加強了華蓋的孤僻之氣，不利於人緣和感情。

特別的出生月份和時辰

- 若生於驚蟄後一個月，他們可能會變得過份天真，而且理想化，令身邊人覺得有點幼稚。與此同時，他們亦可能會較為情緒化，令自己時常陷入自尋煩惱的困局當中。

  另外，會變得更有攻擊性，亦可能會因一時衝動而做出過激或大膽的事，並招致許多是非。

  每逢雞年，會容易出現遠行、搬屋、換工作等情況，也要注意可能有血光之災，以及父母容易有變故。

- 若生於白露後一個月，則其人會變得比較理智和現實，孩子氣會收斂不少。但與此同時，脾氣會變得比較大，和家人朋友的關係會受影響，而且會傾向離開出生地到外地發展。每逢猴年，會容易出現遠行、搬屋、換工作等情況，也要注意可能有血光之災，以及父母容易有變故。此外，他們與父母的關係可能會變得較為淡薄，又或者父母會有感情或健康問題。
- 若生於寒露後一個月，則人緣會更加好，而且多貴人幫忙，做事易成，年青時期即能擁有自己的事業，此時的姻緣運亦會較為美滿，波折較少。
- 若生於巳時和未時，謂之兔入月宮，主有貴氣，但不免帶點孤獨氣息，對女命來說則不算太好。

外武內文的龍

辰年出生者屬龍，五行屬陽土，代表其人有着土的穩重和堅毅，而且帶點剛強不屈，是個倔強和有原則的人。但若八字組合不吉，則有可能變成頑固守舊、固執不通的人。

辰屬於四墓之地，為地門，古書謂之地孤。因此屬龍的人常帶點孤僻的氣質，和親人朋友的相處不算很融洽，嚴重者可能須分居兩地才可化解。

辰土內藏戊、乙、癸三個天干，所以一方面有着戊土剛強中正的特質，也會有乙木和癸水的陰柔特性。故此，遇到某些人和事時，屬龍的人也會表現出柔和的氣息，不會太過強硬。

因此，龍人是個比較多元化的人，性格的層次也頗為豐富。詳細可參看《十神啓示錄》內戊、乙、癸的篇章。

辰年出生的身主是文昌，表示會有一定的文學藝術修養。即使八字形成很差的組合，也代表其人會有儒雅的外表，例如就算實際的文學修養欠奉，也會有比較溫文的談吐，這才不負文昌之名。

有趣的是，辰在後天八卦為巽卦，亦有文學藝術之象，故屬龍的人不論任何職業或教育水平，都會與文化沾上一點邊。故從事文學、藝術、教育、傳媒等工作會較為適合。

屬龍的名人有李嘉誠、李小龍和馬雲。

飲食改運建議

要加強六合吉星的力量，就要多食鵪鶉、白鴿、鷓鴣、菠蘿、西瓜等食物，以催旺貴氣和人緣，令事業、生活都更加順利。

要加強金匱財星和將星的力量，就要多食椰菜、椰子、五味子、覆盆子、蓮子和蜂蜜等食物，以增加財運，以及提高在職場的工作權威和管理能力。

亦可多食檸檬、魚、核桃等食物，以提高貴人的助力。

未婚者亦可以多食白鴿、鷓鴣、菠蘿、西瓜、豬肉、蠔、檸檬等食物，以催旺桃花運，盡快找到合意的伴侶。

但要盡量少食韭菜、枸杞子、枸杞菜等食物，以免激起大耗凶星，避免出現破財情況。

另外，亦要盡量少食龍井茶、龍蝦、龍眼、火龍果等食物，以免加強了華蓋的孤僻之氣，不利於人緣和感情。

文字改運建議

要加強六合吉星的力量，就要多用翔、酪、翰、維等字，以催旺貴氣和人緣。

要加強金匱財星和將星的力量，就要多用孝、孟、好、存等字，以增加財運，以及提高在職場的工作權威和管理能力。

未婚者亦可以多用鳳、鳴、醒、雄、孩、家、豪、象等字，以催旺桃花運，盡快找到合意的伴侶。

但要盡量少用成、盛、獻、猛等字，以免激起大耗凶星，避免出現破財情況。

另外，亦要盡量少用晨、震、龐、龔、振、濃等字，以免加強了華蓋的孤僻之氣，不利於人緣和感情。

特別的出生月份和時辰

- 若生於清明後一個月，會令個性變得更加倔強和主觀，因而影響與身邊人的關係。而且年青時期更可能與家人分開居住，孤身走我路，事倍而功半，事業發展也容易遭遇挫折。身體上也會容易有腫瘤及瘡疥的問題。
- 每逢狗年亦可能會出現不吉的現象，例如生病、血光、離職、破財或家人有變故等。
- 若生於寒露後一個月，情況則更差。個性會更加偏激和帶有攻擊性，事事看不順眼，容易和別人起衝突，因而惹來不少是非口舌。

而且整個青年時期，都較為奔波勞碌，生活不太順利，即使偶有順境，也可能是進兩步退三步，始終不能如意。身體上也會容易患上腫瘤的問題。

另外，每逢龍年和狗年，亦可能會出現不吉的現象，例如生病、血光、離職、破財或家人有變故等。

● 若生於白露後一個月，情況則比較理想。個性會變得較為柔和，亦會比較通情達理，遇事能適度通變，不會固執己見，意氣用事。所以，其人緣會有很大改善，和親人朋友的關係亦比較融洽。由於有貴人助力，青年時期亦會發展得較為順利，此時的姻緣運亦會較為美滿，波折較少。

● 生於壬戌或癸亥時，古人謂之龍歸大海格，主有貴氣。不論從事什麼行業，都能闖出點名堂，兼得貴人之助。

外柔內剛的蛇

巳年出生的人屬蛇，五行屬火，故有着火性的熱情外向，樂觀積極，和樂於助人的特性，深得身邊人的喜愛。不過，由於巳屬於陰支，所以他們表面上會較為柔和，因此也更容易為人接受。

巳屬於四生的地支，也代表其人充滿活力，而且積極向上，不輕言放棄。

巳支藏有丙、戊、庚三個地支，皆屬陽干，而且每一個都是個性極強的天干，顯示屬蛇的人雖然外表溫和，但內心其實十分剛強，會固守原則。一方面愛照顧別人，講義氣，但同時亦頗為理性，有所為有所不為，不會左搖右擺，或輕易被人影響。

因此，巳支有「體陰而用陽」的特性，屬外柔內剛型。不要以為他們外表和善，就代表容易被欺負。詳細可參看《十神啓示錄》內丙、戊、庚的相關篇章。

巳年出生的身主是天機，代表其人愛動腦筋，主意多多，而且愛説話，談興一到可以滔滔不絕。

另外，他們生性愛動，無時無刻都有自己的計劃，難以長期固守一地。所以，他們適合從事顧問、銷售等工作，可以借機會到處遊走，發揮所長。

巳也屬於後天八卦中的巽卦，亦帶有文學藝術的氣質。另外巽卦亦有風象，加強了他們的愛走動的特性。

屬蛇的名人有黃曉明、鞏俐。

飲食改運建議

要加強六合吉星的力量，就要多食猴頭菇、奇異果、蓮藕等食物，以催旺貴氣和人緣，令事業、生活都更加順利。

要加強金匱財星和將星的力量，就要多食雞肉、田雞肉、鵪鶉和西洋菜等食物，以增加財運，以及提高在職場的工作權威和管理能力。

亦可多食果仁、豆腐、豆漿、雞蛋、魚子等食物，以提高貴人的助力。

未婚者亦可以多食鹿肉、阿膠、馬鈴薯、枸杞菜、首烏、九層塔等食物，以催旺桃花運，盡快找到合意的伴侶。

但要盡量少食豬肉、蠔、檸檬、牛肉、牛蒡、牛油果、蟹等食物，以免激起白虎和大耗凶星，避免出現血光和破財等情況。

另外，亦要盡量少食牛肉、牛油、牛蒡、牛油果、蟹和水魚等食物，以免加強了華蓋的孤僻之氣，不利於人緣和感情。

文字改運建議

要加強六合吉星的力量，就要多用坤、伸、珅、紳等字，以催旺貴氣和人緣。

要加強金匱財星和將星的力量，就要多用鳳、鳴、醒、雄等字，以增加財運，以及提高在職場的工作權威和管理能力。

未婚者亦可以多用許、馮、駒、騏、成、盛、獻、猛等字，以催旺桃花運，盡快找到合意的伴侶。

但要盡量少用隆、牧、特、妞、孩、家、豪、象等字，以免激起白虎和大耗等凶星，避免出現血光和破財等情況。

另外，亦要盡量少用生、朱、物、甥、隆、牧等字，以免加強了華蓋的孤僻之氣，不利於人緣和感情。

特別的出生月份和時辰

- 若生於立夏後的一個月，各方面的性質都會加強，而且會更加喜愛走動。亦正因如此，他們的命運會變得太過動盪不安，而且許多時做事會蜻蜓點水，三分鐘熱度，影響了他們的成就。每逢豬年，會容易出現遠行、搬屋、破財，換工作等情況，也要注意可能有血光之災，以及父母容易有變故。
- 若生於立冬後一個月，其個性會較為收斂，而且變得理智和冷靜，也會比較安於現狀，不會時時追求變化。但值得注意的是，雖然主觀不想動，卻容易有客觀的因素令他們不能不動。所以整個青年時期，還是會有不少變動的機會。每逢豬年，會容易出現遠行、搬屋、破財、換工作等情況，也要注意可能有血光之災，以及父母容易有變故。

● 若生於立秋後一個月，他們會更愛交朋結友，但當中卻夾雜了更多的利害關係。所以表面上春風得意，和藹融洽，內裏可能刀光劍影。這個類型的交往關係，他們喜歡就好，外人難作客觀評價。但可肯定的是，當事人未必能從中感受到太多的快樂。而且，他們會變得有點憤世嫉俗，對其他人會有更多的不滿，或許會惹來不少是非口舌。早年的姻緣運尚算可以，但爭吵也不少，有點愛恨交纏的意味。

● 若生於上午的辰時，謂之蛇化青龍，或千里龍駒，屬於貴格，不論任何行業，都有比較大的機會出人頭地。

熱情貴氣的馬

午年出生的人屬馬，五行屬陽火，故其人也是熱情外向，個性樂觀積極，樂於助人，廣受朋友的歡迎。由於午屬於四旺之支，故亦會帶有點執著和進取的個性。

但午藏有丁和己兩個天干，故天性中有點慵懶的特質。不是說他們是懶散一族，但由於全是陰干，而且丁和己都有溫和內向的性格，所以雖然大部份時間都熱情進取，偶爾也會伴隨着一絲的悠閒和淡定。

這也是午支「體陽而用陰」的特性。詳細可參看《十神啓示錄》內丁和己的篇章。

午年出生的身主是鈴星，代表個性會有點急躁，而且容易感到焦慮。值得注意的是，會容易遭到背後暗算，而自己許多時都懵然不知。又或者雖然事先知道問題，但仍不易解決，過程亦頗為煎熬。

因此，在十二生肖中，屬馬的人算是最不容易快樂起來的生肖之一。

午屬後天八卦中的離卦，古人亦說「午為離門」，都有着太陽的光明和高貴，所以屬馬的人會有尊貴的氣質。

具體而言，他們的想法比較理想化，自尊心較強，較愛面子，同時自我形象也會比較高大，而且會有點好大喜功，不切實際。但除非八字組合很特殊，否則一生人都主要是名大於利，也就是說，其成就多是虛名虛利，實際收益和其身份和社會地位不相稱。

故此，他們的工作性質會傾向於拋頭露面，要經常接觸外界，但又不是純粹追求利潤。帶有慈善性質和公共性質的事業會較為適合他們。

由於火的特性，所以屬馬的人也適合從事與視覺藝術有關的行業，如畫家、電影等。

屬馬的人有個特點，是父祖輩有人容易有嚴重的慢性病，甚至有傷殘及行動不便的情況。

屬馬的名人有末代皇帝溥儀、李安和成龍。

飲食改運建議

要加強六合吉星的力量，就要多食羊肉、洋葱、薑等食物，以催旺貴氣和人緣，令事業、生活都更加順利。

要加強金匱財星和將星的力量，就要多食番薯、馬友魚、馬蹄、南瓜等食物，以增加財運，以及提高在職場的工作權威和管理能力。

亦可多食貝殼類、水魚、牛肝菌、糙米等食物，以提高貴人的助力。

未婚者亦可以多食兔肉、竹筍、竹笙、蝦、醋、西蘭花、西洋菜等食物，以催旺桃花運，盡快找到合意的伴侶。

但要盡量少食魚子、餃子、燕窩、燕麥片、蜂蜜、木瓜、竹蔗、骨頭等食物，以免激起白虎和大耗凶星，避免出現血光和破財等情況。

另外，亦要盡量少食韭菜、枸杞子、枸杞菜、首烏、九層塔等食物，以免加強了華蓋的孤僻之氣，不利於人緣和感情。

文字改運建議

要加強六合吉星的力量，就要多用幸、妹、美、洋等字，以催旺貴氣和人緣。

要加強金匱財星和將星的力量，就要多用麗、麒、麟、馴等字，以增加財運，以及提高在職場的工作權威和管理能力。

未婚者亦可以多用晚、冕、逸、勉、鳳、鳴、醒、雄等字，以催旺桃花運，盡快找到合意的伴侶。

但要盡量少用享、承、孔、學、虎、虔、演、虞等字，以免激起白虎和大耗等凶星，避免出現血光和破財等情況。亦可避免加強了華蓋的孤僻之氣，以免不利於人緣和感情。

特別的出生月份和時辰

- 若生於芒種後一個月，那種自我和好大喜功的特質會加強，人生追求會變得太過理想化。而由於個性更加自我和急躁，故亦會影響和身邊人的關係，甚至出現是非口舌。

  健康方面也更容易有慢性病，以及心腦血管疾病。

  每逢鼠年，會容易出現遠行、搬屋、破財、換工作等情況，也要注意可能有血光之災，以及父母容易有變故。

- 若生於大雪後一個月，個性會變得較為內斂和謙虛，人也會比較踏實。但會帶點憤世嫉俗，對社會的人和事會多了批評和不滿。故和家人的關係會受到影響，甚至會離開出生地到外地發展。年青時期的運勢會較為動態，不易長期留守一地。

每逢豬年，會容易出現遠行、搬屋、破財、換工作等情況，也要注意可能有血光之災，以及父母容易有變故。

- 若生於小暑後一個月，個性也會變得更自我和務虛，但不會影響其運勢，反而令他們更受歡迎，容易出人頭地，獲得別人的認同和崇拜。而和家人的關係仍然良好，和芒種後出生的人有點不同。早年的姻緣運亦會較為美滿，波折較少。

健康方面也是需要注意心腦血管方面的疾病。

- 若是辰時出生，謂之馬化龍駒格，代表其人更有貴氣，而且一生奔波會到處走動，不會安於一個地方。

穩重溫和的羊

未年出生的人屬羊，五行屬陰土，所以既有土的穩重和保守，又不至於太過倔強和自我，和屬牛的人有相似之處。

未支藏有己、丁和乙三個天干，都有着較為柔性的特質，例如有包容性，內向、溫和以及善與人同。因此，他們的人緣運算是頗為理想。

不過，古人說未為人門，又謂之人孤，帶有孤僻性質，故即使他們與人客氣交往，內心仍設有一道防線，喜愛保留自己的空間。詳細可參看《十神啓示錄》內己、丁和乙的相關篇章。

未年出生的身主是天相，亦有雙重的意象，所以也和屬牛的人一樣，可能會經常從事兩種工作，推行兩個項目，打工的可能經常都會同時有兩個上級等。

而未的後天八卦是坤，坤有文明之象，亦有柔順之象，所以屬羊的人多少會有點文學藝術修養，而且個性較和善，一般不會是愛恨分明的類型。

由於坤卦亦屬土，所以和土地房產等工作亦頗有緣份，亦較容易有成就。

坤卦本身都有領導的意義，但不能獨當一面，故屬羊者即使從事管理工作，亦不宜擔任一把手，做二把手較為適合。

屬羊的名人有王祖藍、周潤發。

飲食改運建議

要加強六合吉星的力量，就要多食馬友魚、馬蹄、南瓜等，以催旺貴氣和人緣，令事業、生活都更加順利。

要加強金匱財星和將星的力量，就要多食鳳爪、佛手瓜、木瓜、青瓜等食物，以增加財運，以及提高在職場的工作權威和管理能力。

亦可多食木瓜、竹蔗、骨頭等食物，以提高貴人的助力。

未婚者亦可以多食猴頭菇、奇異果、蓮藕、豆漿、雞蛋、魚子、餃子等食物，以催旺桃花運，盡快找到合意的伴侶。

但要盡量少食牛油、牛蒡、牛油果、蟹、貝殼類等食物，以免激起白虎凶星，避免出現血光情況。

另外，亦要盡量少食羊肉、洋葱、薑等食物，以免加強了華蓋的孤僻之氣，不利於人緣和感情。

文字改運建議

要加強六合吉星的力量，就要多用許、馮、駒、騏等字，以催旺貴氣和人緣。

要加強金匱財星和將星的力量，就要多用柳、迎、仰、晚等字，以增加財運，以及提高在職場的工作權威和管理能力。

未婚者亦可以多用醇、孚、孝、孟、紳、神、暢、侯等字，以催旺桃花運，盡快找到合意的伴侶。

但要盡量少用隆、牧、特、妞等字，以免激起大耗凶星，避免出現破財情況。

另外，亦要盡量少用幸、妹、美、洋、善、業等字，以免加強了華蓋的孤僻之氣，不利於人緣和感情。

特別的出生月份和時辰

- 若生於小暑後一個月，個性會過份保守和穩重，甚至會變得頑固，不願輕易作出改變，原地踏步。而人也會更加內向，封閉自己，不太喜歡與人交往。

健康方面亦要注意可能較易患上腫瘤和瘡疥之疾。

另外，每逢牛年亦可能會出現不吉的現象，例如生病、血光、離職、破財或家人有變故等。

- 若生於小寒後一個月，個性也會變得頑固，不願意作出改變。但和小暑後出生的消極抵抗不同，他們會主動表達不同意見，甚至作出對抗的行為。所以，會容易惹來是非口舌。健康方面亦容易有腫瘤問題。

此外，亦會變得更加孤僻和自我，以致影響了和親人朋友的關係。在年青時更會選擇獨來獨往的生活方式，此時即使有成就也會比一般人較為晚，即命理上所謂的遲發或晚發。

每逢牛年和羊年亦可能會出現不吉的現象，例如生病、血光、離職、破財或家人有變故等。

● 若生於芒種後一個月，個性會較為外向和熱情，更喜歡與人交往互動，所以人緣亦得以改善不少，工作運也隨之而順利起來，年青時期已可以有成就，此時的姻緣運亦會較為美滿，波折較少。

重義執著的猴

申年出生的人屬猴，五行屬陽金，故比較重義氣，守諾言，路見不平，拔刀相助。他們一般都會喜歡交朋結友，而且往往亦會受朋友歡迎。

而且不論男女，都心直口快，行動力強，做事講究效率，帶有一種爽快明朗的氣息，若八字組合良好，可以有一定的事業成就。但或多或少會對其他人造成壓迫感，故若八字組合不吉，容易招致口舌是非。

申支藏有庚、戊、壬三個天干，都帶有強硬和執著的特質，所以壬干為水，是聰明之象，故屬猴的人做事不會只憑一己喜好，或一股蠻勁，會適當地審時度勢，見機而行。

由於申年出生的人個性甚強，所以利男不利女，猴女會有女生男相的問題，因而影響姻緣。詳細可參看《十神啓示錄》內庚、戊、壬的相關篇章。

申年出生的身主是天梁，亦帶孤剋和刑忌的特質，和申年的干支特性相當吻合。值得一提的是，天梁和申支的結合，反而適合從事紀律部隊，或帶有危險、辛苦或刺激性質的工作。

申屬於後天八卦中的坤卦，故亦有領導氣質，但只適合做二把手，否則容易因過份進取或鐵面無私而樹敵。

屬猴的名人有張國榮、姚明。

飲食改運建議

要加強六合吉星的力量，就要多食麵食、粉絲、烏冬、鱔、蛇等，以催旺貴氣和人緣，令事業、生活都更加順利。

要加強金匱財星和將星的力量，就要多食雞蛋、雪耳、木耳、冬瓜、椰菜等食物，以增加財運，以及提高在職場的工作權威和管理能力。

亦可多食豬手、鳳爪、佛手瓜、木瓜等食物，以提高貴人的助力。

未婚者亦可以多食阿膠、馬鈴薯、番薯、馬友魚、菠蘿、西瓜、醋、西蘭花等食物，以催旺桃花運，盡快找到合意的伴侶。

但要盡量少食五指毛桃、竹蔗、龍井茶、龍蝦、龍眼等食物，以免激起白虎和大耗凶星，避免出現血光和破財等情況。亦可避免加強了華蓋的孤僻之氣，以免不利於人緣和感情。

文字改運建議

要加強六合吉星的力量，就要多用巴、蛇、弘、引等字，以催旺貴氣和人緣。

要加強金匱財星和將星的力量，就要多用孝、孟、好、存等字，以增加財運，以及提高在職場的工作權威和管理能力。

未婚者亦可以多用善、業、義、儀、雅、鴻、翠、鵬等字，以催旺桃花運，盡快找到合意的伴侶。

但要盡量少用虞、處、豹、彪、晨、震、龐、龔等字，以免激起白虎和大耗等凶星，避免出現血光和破財等情況。

另外，亦要盡量少用晨、震、龐、龔、振、濃等字，以免加強了華蓋的孤僻之氣，不利於人緣和感情。

特別的出生月份和時辰

- 若生於立秋後一個月，個性會更加強硬和剛毅，不但與家人朋友不易相處，更很容易與別人發生衝突。他們若能明白過剛則折的道理就好。
- 若生於立春後一個月，亦容易帶有不滿，也容易和別人發生衝突。但與立秋後出生者有相異之處，在於他們會選擇主動離開，到外地發展，而不是留守原地去對抗。

所以，他們在青年時有可能離鄉發展，即使留在出生地，亦會有較多的走動，不會長期留守一地。

另外，他們亦要注意交通安全，出外要小心謹慎，不要做危險動作。

每逢虎年，會容易出現遠行、搬屋、換工作等情況。

- 若生於立夏後一個月，則外表會顯得較為和善與融洽，比較容易被他人接受。但內心卻存在許多不滿，而且交往互動亦多了不少利益的算計。一遇到不吉的流年，就會出現反目成仇，散伙收場的情況。

但若八字組合良好，則可以從事與法律和規條相關的工作，把不良性質轉化，反而有利於工作，容易有成就。

早年的姻緣運亦算可以，但爭吵也不少，有點愛恨交纏的意味。每逢虎年，會容易出現遠行、搬屋、換工作等情況。

- 若生於晚上的亥時，謂之地天交泰，一生能享現成之福。

理性直率的雞

酉年出生者屬雞，五行屬陰金，故亦有重視公平，講義氣的特質，和重視道義的精神。只要路見不平，也會拔刀相助。但和屬猴的人不同之處，在於他們會採用較柔和的方式出手，而不會過於激烈。

同樣屬金的生肖，雞和猴一樣口直心快，行動力強，重視效率，所以若八字組合良好，也會有一定的事業成就。

酉支內藏一個辛干，顯示他們理性和冷靜，但亦帶有幽默感和不俗的口才。因此，在社會上他們的人緣也算是不俗。詳細可參看《十神啓示錄》內辛干的相關篇章。

酉年出生的身主是天同，本質是天真和情緒化。所以屬雞的人或多或少也有點小孩子的純真，例如擁有自己的理想和信念等。但情緒化在他們身上不太能顯示出來，不若屬兔的人般明顯。

酉的後天八卦是兑卦，兑主悦，亦主武，除了顯示他們個性樂觀，喜歡説話表現自己之外，亦代表會適合從事與金屬相關的行業。從小飾物、機械零件、外科醫生到紀律部隊都可在考慮之列。

屬雞的名人有林鄭月娥。

飲食改運建議

要加強六合吉星的力量，就要多食魚、龍井茶、龍蝦、龍眼、火龍果等食物，以催旺貴氣和人緣，令事業、生活都更加順利。

要加強金匱財星和將星的力量，就要多食雞肉、田雞肉、鵪鶉、白鴿等食物，亦可適度飲酒以增加財運，以及提高在職場的工作權威和管理能力。亦可多食龍井茶、龍蝦、龍眼、火龍果等食物，以提高貴人的助力。

未婚者亦可以多食番薯、馬友魚、馬蹄、南瓜等食物，以催旺桃花運，盡快找到合意的伴侶。

但要盡量少食兔肉、竹筍、竹笙、蝦、粉絲、烏冬、鱔等食物，以免激起白虎和大耗凶星，避免出現血光和破財等情況。

另外，亦要盡量少食牛肉、牛油、牛蒡、牛油果、蟹和水魚等食物，以免加強了華蓋的孤僻之氣，不利於人緣和感情。

文字改運建議

要加強六合吉星的力量，就要多用振、濃、瓏、宸等字，以催旺貴氣和人緣。

要加強金匱財星和將星的力量，就要多用翔、酩、翰、維等字，以增加財運，以及提高在職場的工作權威和管理能力。

未婚者亦可以多用許、馮、駒、騏、馳、騁等字，以催旺桃花運，盡快找到合意的伴侶。

但要盡量少用柳、迎、仰、晚、冕、張、強、虹、之等字，以免激起白虎和大耗等凶星，避免出現血光和破財等情況。

另外，亦要盡量少用生、朱、物、甥、隆、牧等字，以免加強了華蓋的孤僻之氣，不利於人緣和感情。

特別的出生月份和時辰

- 若生於白露後一個月，會變得帶點自尋煩惱，自己會做出很多事來，最後反而增添麻煩，與原意相違。而且亦影響了與家人和朋友的相處，不利少年運。

此外，一生亦會較容易出現血光之災。

每逢虎年，會容易出現遠行、搬屋、換工作等情況。

- 若生於驚蟄後一個月，內心會多了不滿的情緒，亦因而影響與身邊人的關係，以及自己的事業發展。甚至會傾向離鄉到外地工作，但青年時期較為波動及辛苦，不易取得成就。若從事帶有法律和金屬性質的職業，則可減輕不利的情況。

每逢虎年，會容易出現遠行、搬屋、換工作等情況。

● 若生於清明後一個月，個性會較為溫和，與人相處更加融洽，能得到貴人相助，事業也較為順利，青年時期已能有一定的成績，此時的姻緣運亦會較為美滿，波折較少。

● 若生於凌晨三點的寅時，謂之鐘鳴谷應，主會有名聲。

孤獨文藝的狗

戌年出生的人屬狗，五行屬陽土，代表有着土的穩重和堅強，尤其是有着陽土那股硬脾氣，能堅持己見，不隨波逐流，人云亦云。

但戌屬於四墓之地，帶有孤僻的氣質，而且個性會較急躁，故運氣好就會有成就，但運氣不配合則反而會過得比一般人差，而且於人緣有損，貴人也不太得力。

幸好戌支藏有戊、辛、丁三個天干，有剛又有柔，令屬狗的人不至於一硬到底，適當時候也會妥協。而且，由於有辛金和丁火的影響，也令他們變得冷靜和善於思考觀察，可謂張飛繡花，粗中有細。詳細可參看《十神啓示錄》內戊、辛、丁的相關篇章。

戌是火的倉庫，火為文明之象，故又稱為文庫，代表其人帶有火的文化氣息，不論出身、個性和教育程度如何，總會帶有點儒雅之氣，而且多少亦會比較喜愛文化藝術。

戌年出生的身主是文昌，和其文庫的特質相當吻合，同樣代表有文化修養。所以，屬狗的人可以選擇文化、教育、傳媒及影視等行業，會較容易有成就。

戌的後天八卦是乾，乾有尊貴之象，所以屬狗的人可以掌握部門實權，有領導能力，可從事與管理有關的工作。

乾又有武職之象，故其人會比較好動，喜愛運動或武術，亦適合從事紀律部隊工作。

屬狗的名人有古天樂、梁家輝。

飲食改運建議

要加強六合吉星的力量，就要多食兔肉、竹筍、竹笙、蝦等食物，以催旺貴氣和人緣，令事業、生活都更加順利。

要加強金匱財星和將星的力量，就要多食鹿肉、阿膠、馬鈴薯、番薯、馬友魚等食物，以增加財運，以及提高在職場的工作權威和管理能力。

亦可多食麵食、粉絲、烏冬、鱔、蛇食物，以提高貴人的助力。

未婚者亦可以多食麵食、粉絲、烏冬、鱔、蛇、豬手、鳳爪、佛手瓜、木瓜等食物，以催旺桃花運，盡快找到合意的伴侶。

但要盡量少食魚、龍井茶、龍蝦、龍眼、火龍果、馬蹄、南瓜等食物，以免激起白虎和大耗凶星，避免出現血光和破財等情況。

另外，亦要盡量少食韭菜、枸杞子、枸杞菜、首烏、九層塔等食物，以免加強了華蓋的孤僻之氣，不利於人緣和感情。

文字改運建議

要加強六合吉星的力量，就要多用柳、迎、仰、晚等字，以催旺貴氣和人緣。

要加強金匱財星和將星的力量，就要多用駒、騏、馳、騁、駿、騰、麗等字，以增加財運，以及提高在職場的工作權威和管理能力。

未婚者亦可以多用柳、振、濃、弘、引、張、強等字，以催旺桃花運，盡快找到合意的伴侶。

但要盡量少用晨、震、龐、龔、振等字，以免激起大耗凶星，避免出現破財情況。

另外，亦要盡量少用虎、虔、演、虞、處、豹、彪等字，以免加強了華蓋的孤僻之氣，不利於人緣和感情。

特別的出生月份和時辰

- 若生於寒露後一個月，會變得更加固執和保守，更不願意聽取別人的意見，與身邊人的相處亦容易出問題。健康方面也要注意容易有腫瘤及瘡疥之疾。
  另外，每逢龍年亦可能會出現不吉的現象，例如生病、血光、離職、破財或家人有變故等。
- 若生於清明後一個月，情況和寒露後出生差不多，而且更會容易與別人起衝突，招致是非口舌。健康方面也要注意容易有腫瘤及瘡疥之疾。
  另外，每逢龍年或狗年亦可能會出現不吉的現象，例如生病、血光、離職、破財或家人有變故等。

● 若生於驚蟄後一個月，則個性會變得圓滑，更容易與人溝通互動，人緣也會轉好，亦會有貴人助力。因此，年青時期的事業發展亦會較為順利，此時的姻緣運亦會較為美滿，波折較少。

● 生於早上的卯時，謂之春入燒痕格，主有貴氣，但屬於名大於利。

外向尊貴的豬

亥年出生的人屬豬，五行屬陰水，代表其人聰明外向，而且善解人意，遇到困難能如水般靈活應變。

亥又在四生之地，所以充滿活力和幹勁，樂觀積極，不斷追尋自己的理想，很少會輕言放棄。

亥支有壬和甲兩個陽干，所以他們的個性有強悍的一面。有自己堅守的原則和主見，雖然善於與別人打交道，溝通能力不俗，但若觸及底線，也可以非常強硬，不會退縮。詳細可參看《十神啓示錄》內壬和甲的相關篇章。

亥支亦屬於「體陰而用陽」，故有外柔內剛的特點。

亥年出生的身主是天機，代表其人想法多，善計謀，而且愛説話，有口才，靈活多變，不會拘泥守舊。

亥在後天八卦屬乾卦，乾有尊貴之象，再加上藏支甲木亦有領導能力，所以屬豬的人能掌握部門實權，可從事與管理有關的工作。

乾又有武職之象，故其人會比較好動，喜愛運動或武術，亦適合從事紀律部隊工作。

屬豬的名人有林丹、馬化騰。

飲食改運建議

要加強六合吉星的力量，就要多食五指毛桃、木瓜、竹蔗、骨頭、青瓜等食物，以催旺貴氣和人緣，令事業、生活都更加順利。

要加強金匱財星和將星的力量，就要多食兔肉、竹筍、竹笙、蝦等食物，以增加財運，以及提高在職場的工作權威和管理能力。

亦可多食鹿肉、阿膠、馬鈴薯、番薯等食物，以提高貴人的助力。

未婚者亦可以多食果仁、豆腐、豆漿、雞蛋、魚子、餃子、燕窩、龍蝦、龍眼、火龍果等食物，以催旺桃花運，盡快找到合意的伴侶。

但要盡量少食麵食、粉絲、烏冬、鱔、蛇、羊肉、洋葱、薑等食物，以免激起白虎和大耗凶星，避免出現血光和破財等情況。

另外，亦要盡量少食羊肉、洋葱、薑等食物，以免加強了華蓋的孤僻之氣，不利於人緣和感情。

文字改運建議

要加強六合吉星的力量，就要多用虎、虔、演、虞、處等字，以催旺貴氣和人緣。

要加強金匱財星和將星的力量，就要多用柳、迎、仰、晚等字，以增加財運，以及提高在職場的工作權威和管理能力。

未婚者亦可以多用享、承、孔、學、醇、孚、晨、震、龐、龔、振等字，以催旺桃花運，盡快找到合意的伴侶。

但要盡量少用巴、蛇、弘、引、美、洋、善、業、義、儀等字，以免激起白虎和大耗等凶星，避免出現血光和破財等情況。

另外，亦要盡量少用幸、妹、美、洋、善、業等字，以免加強了華蓋的孤僻之氣，不利於人緣和感情。

特別的出生月份和時辰

- 若生於立冬後一個月，人會變得庸人自擾，自尋煩惱。而且有時會弄巧反拙，亦容易同其他人起衝突，惹來是非。每逢蛇年則會有較大的變動，例如換工作、搬屋或去遠行等。
- 若生於立夏後一個月，個性會更加追求變化，不會長期留守一地，喜歡挑戰和變動，甚至會在年青時就到外地遊歷工作。每逢蛇年，亦會容易出現遠行、搬屋、換工作等情況。

● 若生於立春後一個月，個性會更加融和友善，人緣更好而且貴人亦會有助力。因此年青時期的事業發展亦會較為理想，此時的姻緣運亦會較為美滿，波折較少。

● 出生於壬辰時，謂之「龍躍天門」，屬於貴格，能夠出人頭地，古書說「有潤澤生民濟世之功」，評價不俗。

屬兔為武夫之象

看完十二生肖的運勢分論，我可以舉幾個例子以加強讀者的理解。這一篇説兔。

坊間許多人説到兔的生肖時，都愛以兔子的特性附會一番，説屬兔的人可愛親切，天真無邪。當然，他們確實有這些特質，但由於卯的後天八卦屬震卦，震卦有急躁和武夫之象，所以亦不要忽略屬兔的人與武術、運動和軍事相關的特性。

甄子丹、李連杰和曾俊華三位都是名人，後者是香港的財金高官，而前兩位更是華人世界無人不知的武打巨星。

他們的共同點，除了都是屬兔之外，就是大家都是習武之人，而且都是從小就開始訓練，並非半途出家，這和屬兔的武夫之象十分吻合。

我有位屬兔的朋友是任職銀行業的，本身不喜愛做運動，自然也不懂武術，但有趣的是，他很喜歡看運動節目，舉凡跳水、足球、游泳、田徑的新聞資訊都不放過，此亦可謂兔人重武的一個徵驗了。

兔人除了重武，一般來說也是個性較溫純。三人裏，李連杰和曾俊華的個性是比較溫和，只有甄子丹的個性據說較為強悍，所以在拍電影時與人意見不合的消息時有聽聞。

不過，據悉甄子丹在強人的外表下，也是個比較孩子氣的人，而且也隱藏着不少幽默細胞，他也曾在接受訪問時說自己骨子裏其實充滿喜劇感。

據說有一次黃百鳴在慨嘆喜劇人才愈來愈難找時，周星馳就叫他找甄子丹，於是造就了一部賀歲喜劇。可見他也有容易親近的一面。

各位不妨留意身邊屬兔的人，是否也有點運動和功夫細胞？

牛羊生肖有雙重性質

「天蒼蒼、野茫茫、風吹草低見牛羊」。古《詩經》常將牛和羊並舉，從前面的篇章中可看到，其實在生肖命理中，牛和羊的確有相似之處。

例如二者皆屬土，故多是忠厚穩重之人，也頗為堅持己見，以致有時會被認為是固執。前香港特首董建華就是丁丑年生，屬牛。相信無論反對或贊成他的人，都不會否認董建華是一個忠厚老實的人。

屬牛者的身主是天相，有雙重的特徵，他正是一國兩制下特區政府的第一任首長，確是奇妙。

而屬羊，而身主同屬天相的前澳門特首何厚鏵，也是一國兩制下特區政府的第一任首長，和董建華的天相特性可謂互相呼應。

再舉一個例子，劉德華屬牛，身主也是天相。他在唱歌和演藝事業都有很高的成就，其事業也有雙重的特性。

有些朋友會說，歌影雙棲在演藝界是很平常的事，無甚特別。的確如此，不過能同時在歌影都有極大成就的明星卻並不多。所以，劉德華除了因為屬牛的勤力特性外，相信也借助了不少身主天相的幫忙。

生肖論星期運勢

十二生肖除了可用來看流年吉凶之外，其實還有一個用途，就是看星期的吉凶。但這套東西不是漢地獨有，而是由西藏流傳開來。

西藏深受中國文化影響，一直都有採用十二生肖紀年，但其生肖系統在具體應用上則加入了自己的文化，在實戰中頗值得參考。

要掌握西藏的生肖星期運勢體系，首先要了解三顆星曜：魂曜、命曜、煞曜。

魂曜：諸事皆宜，事業成功，勢力增長，舉凡重大決策、工商業往來、嫁娶搬遷等世間事務皆吉祥。但若在魂曜日加害他人，則反而自傷，害人害己。

命曜：為修持日，能增吉祥、宜行善積德，令修持更加圓滿。舉凡灌頂、放生、佈施、參加法會等宗教事務皆吉祥。

煞曜：充滿負面能量，不論世間或出世間事務皆諸事不宜，所作皆易失敗，無所成就。

所以簡單來說，魂曜日適合做世間事，命曜日適合做宗教事，煞曜則諸事不宜，這天最好只是休息、遊玩就好。

煞曜這顆星比較特別，西藏人認為它充滿負面能量，可行詛咒等惡事。現今都市人當然不會做這些事，但也可以用來清理垃圾雜物，以及搬離舊住所等，做一些和過去說再見的事，這些也屬於吉利。

生肖星期運勢表

生肖	魂曜	命曜	煞曜
鼠	星期三	星期二	星期六
牛	星期六	星期三	星期四
虎、兔	星期四	星期六	星期五
龍	星期日	星期三	星期四
馬、蛇	星期二	星期五	星期三
羊	星期五	星期一	星期四
雞、猴	星期五	星期四	星期二
狗	星期一	星期三	星期四
豬	星期三	星期二	星期六

子平說秘

作者
潘樂德
策劃 / 編輯
梁美媚
美術統籌及設計
Amelia Loh
美術設計
Charlotte Chau
出版者
圓方出版社
香港鰂魚涌英皇道 1065 號東達中心 1305 室
電話：2564 7511
傳真：2565 5539
電郵：info@wanlibk.com
網址：http://www.wanlibk.com
http://www.formspub.com
http://www.facebook.com/formspub

發行者
香港聯合書刊物流有限公司
香港新界大埔汀麗路 36 號
中華商務印刷大廈 3 字樓
電話：2150 2100
傳真：2407 3062
電郵：info@suplogistics.com.hk

承印者
中華商務彩色印刷有限公司
香港新界大埔汀麗路 36 號

出版日期
二〇一六年七月第一次印刷

ISBN 978-962-14-6035-6
Published in Hong Kong